La voce che sussurra nel silenzio
è il riflesso delle ombre lontane con la nostra
memoria emotiva

Ogni volta che apro il cuore per accogliere una persona nella mia vita muovo al tempo stesso energie interiori devastanti, il vento dei miei pensieri trasporta ininterrottamente cumulonembi ad altissima densità, stratocumuli sovraccarichi di riflessioni, voglio essere il meglio, darle ed offrirle il meglio per avere, vivere, essere nel meglio...

Forse in questo vortice intenzionale si nasconde un codice, segreto e prezioso, importante, magico... come posso giungere al cuore del mio cuore, all'anima della mia anima?

Quali sono le porte di accesso per entrare in me e spaziare alla ricerca di questo algoritmo della felicità, questa formula alchemica che mi consentirà di donare alla mia nuova principessa i battiti sinceri della mia vita, palpitando come un cristallo incandescente tra le sue mani, riflesso nell'iride di giada seducente che scioglie le mie lacrime per convertirle in un timido sorriso?

Parto sempre da lontano quando devo affrontare un lungo viaggio, dalle macerie, dalle rovine, dalle memorie distrutte degli insuccessi e dei fallimenti: è proprio lì, nelle ferite cicatrizzate dal tempo, che si nascondono le prime chiavi, quelle per accedere al...

PRIMO LIVELLO: le macerie

Proprio lì, in quelle aree apparentemente oscure del passato, in quelle stesse zone che tutti si premurano di rimucvere, superare, risolvere... io mi sono soffermato preoccupandomi al contrario di custodire: "cosa?"

Semplice... la condizione emotiva di quando ero distrutto, segnato, ferito, provato, vuoto, bruciato, incenerito... e perché mai dovrei dimenticare momenti così forti e così devastanti? Ora non sono in quella condizione, è proprio perché sono macerie del passato che non mi pesa minimamente rivisitarle, osservare, riascoltare le grida di quei momenti disperati in cui tutto crollava e diveniva polvere, senza più sole né stelle, senza luce... Ora la luce c'è, splende viva, radiale, riveste il mio azimut spirituale di fiamme calde e benefiche, riscaldando le palpebre ricoperte di brina, annullo il sottozero e posso così esplorare, sereno, vaccinato, immune dagli attacchi di panico, dalle ansie sepolte... sono solo macerie! Che paura possono fare? Se dimenticassi tutto questo le sofferenze del passato perderebbero di valore, sarebbe stato tutto inutile ma così, raccogliendo tracce invisibili, magicamente la memoria di una lacrima diventa avamposto del sorriso, questa è la prima chiave e questo il primo elemento, la prima cifra,

1

il primo dato per comporre il codice di rinascita che mi porterà nelle terre dell'amore...

Disciogliere il gelo significa trasformare le parti immobilizzate della mia anima in un fluido scorrevole che può scorrere, amalgamarsi, diluire, solvere... ecco! Un eccellente punto di partenza non vi pare...?

Non volevamo tanto risolvere, risolversi, risolverci?

Ecco il primo passaggio da realizzare!

Paolo Goglio

presenta:

Codice di Rinascita

Le immagini e i ricordi che avevo congelato per evitare che mi ferissero ancora hanno certamente rimarginato le ferite più profonde ma ora è il momento di affrontarli e la soluzione non è rimuoverli: non sono rocce, monoliti o macigni ma semplicemente momenti che ho fossilizzato, freezato, trasformando la dinamica della mia storia in una specie di corsa ad ostacoli in cui ho messo in pausa alcuni capitoli.

NO!!!

Devo tornare indietro proprio lì... dove si annidano i ricordi più dolorosi, le paure più feroci e togliere la pausa, tranquillamente:

"E' storia, storia passata"

il tempo scorre e nulla più potrà materializzarsi, sono solo ricordi, proiezioni mnemoniche, tolgo la pausa, faccio scongelare questi attimi, queste macerie e concedo di farle scorrere, fluire, solamente così potranno sciogliersi e... risolversi.

E' proprio questo il significato del verbo:

"RI+ Solvere" = risolvere

E lascerò che questo liquido, fangoso che sia, riprenda a scorrere: solamente così le acque potranno decantare e depositare la sabbia e la cenere, la ghiaia e il terriccio, per riprendere infine la via della purezza sorgiva, limpida e cristallina.

2

Certamente **questo è il secondo elemento**

Ma ora è il momento di procedere, entrare, dischiudere queste porte corrose ed erose, chiavistelli arrugginiti, catenacci, serrature, ragnatele, cardini cigolanti, legno marcescente. Procedo lento, cauto, silenzioso, reverente di tutto ciò che vedo, territorio immobile pietrificato dalle mie stesse paure, habitat degli incubi gelidi di notti inquiete, ma ora luce, la luce, la torcia, il sole, il giorno, dissolve... sì... !!!

Osservo la brina dipingere sulle foglie dell'autunno ricami natalizi, disegni artisticamente perfetti, gelida firma di una mano superiore che controlla l'inizio e la fine, il caldo e il freddo, il tempo e lo spazio.

I cristalli congelati scompaiono al sole in pochi istanti e disciolgono il velo che si trasforma in microscopiche gocce, minuscola rugiada brillante che riflette le tonalità di un cielo color serenità... è il sole che filtra all'orizzonte e giunge a riscaldare, colorare, illuminare la mia terra. Devo portarlo... riportarlo questo sole laggiù, negli anfratti del mio buio esistenziale per dissolvere ogni fantasma, ogni paura, ogni ectoplasmatica memoria delle mie più nere sofferenze.

Così, proprio così... ora cambia tutto e le tegole sbriciolate, i mattoni incrostati, le travi crollate sotto il peso del dolore sono solamente lo scenario di sottofondo al mio cammino, un background rigenerato e ristrutturato in cui so come muovermi, come salire e come scendere, dove svoltare, dove fermarmi.

E' la mappa, il percorso creato dalle trame del mio destino che mi hanno condotto al presente e ora posso navigarmi, spaziare in me, viaggiarmi, nuotarmi, percorrermi, volarmi, addentrarmi... raccolgo chiavi, accolgo luce e cammino, osservo, sento, sì... sento che la luce porta a rinascere anche le ombre più dure, i ricordi più oscuri.

Proprio qui comincio e edificare, cercare orme, segnali, spunti, **identificando la sofferenza avrò i parametri della gioia, registrando il dolore avrò la scala del piacere,** osservando le trappole in cui sono caduto avrò la consapevolezza che ora non mi fermerò a seguire le stesse esche, sono e sarò immune ai richiami delle tentazioni o più semplicemente alle debolezze dell'inesperienza.

Ecco quante cose si dissolvono in poco tempo, quanta energia posso recuperare anestetizzandomi rispetto al dolore che spesso viene trascinato per una vita, no !

Il trucco non è rimuovere ma rivivere con una luce diversa, sciogliere, amare il proprio passato proprio perché ci concede, ora, di osservare.

Riapro con liturgica lentezza le porte che tanto faticosamente avevo chiuso, le mura erette per seppellire, arginare il dolore dei momenti difficili; ora posso farlo, finalmente, è questa la nota di libertà che mi consente di riportare aria, ossigeno, chiarezza e quindi vita.

3

E' questo il terzo elemento: riaprire le porte!

Ogni segno sul muro, ogni angolo degradato, ogni parete rigonfia per il peso che la opprime, ogni tetto crollato rappresentano segnali preziosi, indizi per i sentieri di luce che mi porteranno a lei, tra le sue braccia, mano per mano a contare le stelle cadenti, scie di amore profondo che scivola da pelle a pelle, labbra sulle labbra, quando la palpebra si inarca dolcemente e il sopracciglio diventa più sottile, lo zigomo si gonfia leggermente e la bocca sorride, sguardo innamorato di una piccola cenerentola da baciare, ora può accadere ma prima devo fare pulizia, grandi pulizie perché voglio spazio, tanto tantissimo spazio per ospitarla, per correre con lei, volteggiare insieme... e dove posso mai ospitare una persona se non ho posto per lei...? E' normale, no? fare una semplicissima operazione di sgombero preparando al tempo stesso nuove aree, nuova superficie calpestabile per soggiornare insieme, abitare, convivere...

Giardino da diserbare con un buon lavoro di deforestazione, via le erbacce, i parassiti, le erbe infestanti, via i sassi e le macchie di argilla, bonificare, fertilizzare, riqualificare: quando il mio cuore sarà pronto per la semina avrò la possibilità di alimentare i nuovi semi con il caldo sole della vita e creare una nuova forma di amore, felicità e desiderio.

Realizzare una nuova area protetta per il mio parco naturale interiore, la riserva botanica in cui liberare nuove specie animali, innestare nuove forme di vita vegetale e... perché no? Anche nuove pietre, nuovi cristalli, qualche splendido geode da aprire, ostrica minerale, osservare, geometrie di silicio brillante e ambrato per riflettere mille volte la nuova luce che porteremo insieme. Preparare questo spazio multitasking per liberare energie poliedriche, giochi di luce multicolore e pensieri liberi, abbattere le recinzioni e i fossati per collegare gli elementi tra loro, dare versatilità alla creazione, fondere l'arte della natura con le membrane creative della mia anima e aprire, spalancare, dipingere, forgiare, modellare, dare vita, donare una nuova esistenza all'esistenza stessa, percepire che sulle note melodiche dell'amore è possibile interpretare qualunque spartito, eseguire qualunque sinfonia.

Apro le porte, dischiudo le finestre... quante croste hanno calcificato la mia memoria, depositandosi ovunque; ragni tessitori hanno sigillato tutto **ma ora basta, basta veramente!**

Apro le porte, apro le finestre, apro tutto... lascio che la luce giunga a purificare le stanze deserte, ammuffite, i luoghi sepolti, **vieni luce**, è l'ora, il momento di tornare...

Apro e sgombero, illumino e rischiaro, mi muovo, osservo, osservo e ascolto tutto... **TUTTO** ! E' importante guardare ovunque, mica fingere di non vedere, altrimenti si riportano le ombre nel presente. NO! Le lascio lì a squagliarsi nel nulla e guardo quanto spazio nuovo e limpido si apre ora dinanzi ai miei occhi, certo... c'è del lavoro da svolgere ma d'altra parte cosa dovrei fare? Quali sono le alternative? Aziende di pulizie interiori non ce ne sono ancora, meno che mai sgombero spirituale o disinfestazione emotiva... Non ho scelta!

Devo calarmi nel cuore delle macerie se voglio decontaminare le aree contagiate dallo spettro del regno delle paure.

4

Ecco il quarto punto: entrare, scavare, sviscerare, rievocare, senza paura! Farò solamente un lavoro di pulizia, sgombero, rimozione, ordinerò le macerie sepolte per riconvertirle, riqualificarle in un buon patrimonio soggettivo da cui attingere per i momenti difficili o in cui arare, seminare, concimare, piantagioni di fiori colorate, frutta zuccherina, alberi secolari.

E' come avere il fagiolo magico che porta nel castello incantato: lo pianto proprio qui, quaggiù nei meandri più oscuri della mia vita, sarà come innescare una bomba nucleare che distrugge e al tempo stesso proietta verso l'alto le parti da salvare. Lo Faccio, ok, dai… senza paura…

Brutti ricordi?

Esperienze negative?

Fallimenti?

Delusioni? Dolore? Amarezze? Paure? Ferite? Tormenti? Litigi? Crisi?

Dai, prendo tutto, ma proprio tutto del peggio della mia vita e lo accarezzo sul palmo della mano, osservo, riosservo queste frecce conficcate nella mia anima e che magari mi fanno sanguinare da anni, decenni… via! Le tolgo! Devo estrarle affinché il loro veleno perda efficacia, disinnescarle con la mia gioia di vincere, il mio desiderio di sfoderare la spada e tagliare, recidere queste radici venefiche, queste ombre radioattive che intossicano il mio vivere...

Ad uno ad uno prendo tutto e lo falcio, come fanno i contadini quando tagliano l'erba: da destra a sinistra, un rapido movimento rotatorio, un semicerchio orizzontale... SwiSSiishhhhhh!!!!!!!
Via!!!!
E poi queste erbe non le butto: le tengo! Si dice:
"Metti fieno in cascina... "

Bhe... io dico:
"Non sprecare nulla, ricicla, riutilizza, ottimizza, **trasforma!!!"**

5

E' il quinto codice: la trasformazione!

Molti dicono: *"Bisogna rimuovere!"*

Altri dicono, ancora più complesso:

"Bisogna rivivere le cose rimosse per elaborarle"

Ma faccio le cose più semplici e più costruttive: le prendo, **SENZA PAURA** e anziché continuare a rimestarci sopra, dentro, sotto, fuori e dentro, le trasformo in quello che mi pare! Come il contadino porta il fieno alle proprie vacche o alle pecore per sfamarle, allo stesso modo prendo i brutti ricordi, il dolore antico e lo trasformo in un sorriso straordinario. Cosa ci vuole... ?

Cosa serve? Volete proprio saperlo?

NULLA!!!

E' tutto gratis, non è stupendo?

Ho sofferto tanto?

Bene!

Se conosco il profondo dolore significa che conosco anche la gioia più elevata! Tutto si può riciclare, convertire, reimpiegare e se la vita mi ha portato a volte a conoscere

momenti drammatici questa, oggi, è solamente una mia ricchezza!
Grande è la capacità di gioire di colui/colei che ha sofferto profondamente

Mi soffermo un attimo, ora, ma solo per fare un breve riassunto del codice fin qui elaborato:

1 – Esplorare la macerie

2 – Risolvere, far rifluire le acque

3 - Riaprire le porte

4 - Entrare, scavare, sviscerare, rievocare, senza paura!

5 – Trasformare

Ora bisogna certamente preparare il terreno ad accogliere nuove fonti di vita, devo creare fertilità nell'humus della mia anima inaridita da piaghe pleistoceniche: si tratta di esaminare spontaneamente tutta la mia storia nel suo insieme, non nei singoli episodi.

Quante volte visionando un film ho sentito dire la frase:

"Ho trovato il senso della mia vita!"

Pensate che sia un luogo comune? Una trovata cinematografica, uno slogan pubblicitario?

27

ENNE/O

NO

E' quello che tutti possono concedersi in un modo semplicissimo!

Ora che ho capito l'importanza del mio insieme, del tutto che sono stato e che sono attualmente, provo a ordinare, comporre, disporre la storia della mia vita in una specie di timeline orizzontale dalla nascita ad oggi.

Una strada, un sentiero, una linea in cui osservo serenenamente tutto, ma proprio tutto: episodi, momenti, ricordi, emozioni, sapori, affetti, dolori, gioie e delusioni, i luoghi e soprattutto le persone, tutte, ma proprio tutte le persone.

Ecco che, se visiono l'insieme, magicamente posso trovare la relazione che intercorre tra ogni singola figura incontrata anche solo occasionalmente nel mio percorso.
Tutto consegue a qualcosa, fatti, riflessioni, momenti e considerazioni si incatenano per

correlarsi uno con l'altro, anche le persone secondarie, le amicizie poco profonde, le figure educative, i modelli, i fatti di cronaca, i film, le musiche, il cibo, i gusti, l'evoluzione del mio "io" in tutti i contesti esistenziali, la mia crescita... sono sempre io, stessi occhi e stesse mani di quel bambino che ben conosco perché **sono io, lo sono ancora!** Essere adulti o grandi o maturi è solamente una quotazione della mia abitudine a valutare, stimare, giudicare, definire. **Ma l'"io" è lo stesso** ed è importantissimo osservarmi nel mio insieme, nella totalità senza lasciar nulla da parte.

Seppellire i momenti di dolore, i brutti ricordi o i traumi è una azione inutile, una operazione senza senso e non è peraltro realizzabile, so perfettamente come e quante volte riemergano dal presunto oblio e questo avviene per la ragione più ovvia, semplice e logica che ci sia: **perché siamo sempre NOI.**

Non c'è nulla da rimuovere dimenticare o seppellire: osservare l'insieme lineare della mia vita come in una immensa foto panoramica mi aiuta a trovare la mia bussola, la mappa per capire dove sto andando e perché... non devo farmi frenare dai luoghi comuni! E' molto semplice vedere che sto andando in una precisa direzione, basta collegare gli episodi, le chiavi, i passaggi, le scelte, gli eventi. E anche se non so ancora esattamente dove devo giungere sarà magicamente e stupendamente chiaro in quale direzione sto andando: tutto mi spinge lì... TUTTO

E solamente la visione d'insieme può darmi questa splendida possibilità.

E' certamente il codice numero

Osservo l'insieme della mia vita per capire in quale direzione sto andando

E' il mio panorama interiore, la visione di insieme, è splendido osservare la lastra di proiezione della mia storia, capitolo dopo capitolo, quanti personaggi sono entrati in scena? Quanti hanno conquistato il palcoscenico del mio cuore e quanti, invece, sono stati respinti scartati, quanto ho amato e quanto ho combattuto…?

E quanti luoghi, quanti scenari, quante musiche di sottofondo… osservo il grande spettacolo che ho interpretato in prima persona, attore principale di me stesso, sceneggiato dalla regia della mia anima percorrendo fotogrammi sbiaditi, colpi di scena, momenti di azione, romantici, drammatici, sogni e speranze, progetti e fallimenti, rinascita… perché ricordare i drammi come drammi e non solamente come momenti drammatici di un racconto ben più ampio e totale?

Sono solamente pagine, episodi e non ha senso che lascino ferite, non ha senso che condizionino il seguito del mio cammino determinando privazioni, rinunce, timori, paure, scelte limitate dalla diffidenza, passi silenziosi insidiati da mille incertezze, rallentati dai dubbi e frenati dalla confusione che ne deriva… no…
Non è giusto che la pioggia possa ristagnare anche nelle giornate di sole, è un

delitto inquinare il proprio destino a causa di bruciature, scottature, ustioni pur profonde.... Devono restare lì... proiettate sullo schermo dei ricordi senza influenzare ancora, magari a distanza di anni, il mio vivere...

Non è necessario mantenere vive, alimentare continuamente le parti negative della mia storia: è bene conviverci serenamente ma è altrettanto importante, ora che ho capito l'importanza di non combattere con il mio patrimonio di esperienze, **evitare di dare loro energia**.

Ogni volta che spendo lacrime, parole, commiserazione o rancore per episodi ormai trascorsi non faccio altro che aumentare la forza di questi brutti ricordi, di questi traumi. C'è un passaggio fondamentale, ora, per renderli inoffensivi: devo infatti impedire che la loro carica evocativa possa ristabilirsi dannosamente in me, devo disinnescare questo potere esplosivo e il segreto è molto semplice.

Non serve combattere, ribellarmi, sforzarmi di dimenticare, seppellire, elaborare, sfogarmi, accettare... una volta che ho trasformato queste ombre oscure del mio cammino in raggi di luce non ho bisogno di andare oltre, anzi, devo sbarazzarmene quanto prima e poiché so di non poter scaricare né spegnere queste voci del passato farò uso di un'arma letale ben precisa: li congelo.

7

Congelo le ombre, i brutti ricordi, i traumi, le lacrime del passato.

Non avrò rimosso nulla, semplicemente l'ho reso inoffensivo, collocato nel mio freezer interiore è tutto ancora e sempre lì... sobriamente congelato, ibernato, surgelato, non potrà più nuocere, crescere, svilupparsi, bruciare.
Ogni volta che sentirò riemergere, disgelare questi ricordi dolorosi devo quindi prenderli dapprima in modo diverso, osservandoli con lo scudo del presente che li rende datati, trascorsi, sepolti nelle

viscere del passato, dopodiché li congelo evitando di dedicare loro le mie migliori energie che dedicherò, al contrario, al mio benessere e alla mia felicità.

Ora posso iniziare a muovermi, camminare, guardarmi intorno, raccogliere indizi, cercare e seguire delle tracce. Dove vado, in che direzione, perché? Come scegliere il cammino, come orientarmi, dove dirigermi, che strada scegliere...

Devo guardare in me e cercare di andare a fondo del mio essere, mi osservo il più profondamente possibile, cerco di mappare tutto il territorio che mi caratterizza: confini, perimetri, pareti, altopiani e caverne, bacini e rilievi. Sono parte di un mondo che è perfettamente regolato da una meravigliosa armonia di leggi fisiche, chimiche, astronomiche, matematiche, correnti che trasportano le nubi, acque che piovono dal cielo, precipitano sulla terra rendendola FERTILE, dissetando il regno vegetale e amalgamando quello minerale, acque che si raccolgono in bacini idrografici e confluiscono in un alveo per dare origine ad un corso, un ruscello, un torrente, che a sua volta continua a ricevere acque fino a raggiungere la portanza di un fiume.

Ecco il passaggio successivo: **identificare il mio bacino idrografico** interiore che raccoglie in sé tutti gli episodi, le persone, i percorsi della mia vita sino ad oggi, tutto confluisce in me, nel presente, vive e si muove, fluido e limpido.

Quando osservo un fiume che scorre devo andare oltre la visione strettamente contestuale e capire che sono di fronte a una simbologia molto elevata nel panorama che mi relaziona con la natura universale: il ciclo dell'acqua è un flusso vitale ben preciso per la vita sul pianeta, è un percorso dinamico rappresentativo del tempo che scorre, del passato che si rielabora attraverso il morphing del divenire e del mutare, rinnovandosi in qualcosa di nuovo nel presente e nel futuro.

Quello che un tempo era cristallo di neve ora scende dal cielo in solitaria, oppure si aggrega in un candido fiocco, si posa al suolo e a volte si scioglie, altre congela... lo seguo, lo imito, lascio che tutti i momenti della vita trascorsa, tutti gli episodi, le persone e i fatti, come tante piccole gocce d'acqua collegate allo stesso bacino confluiscano in un alveo fluviale e scorrano, seguendo il percorso dettato dalle rive, aggirando gli ostacoli, le pietre e le rocce, sfruttando la pendenza per acquistare velocità. Quando il bacino è ben organizzato nascono dighe, argini, laghetti artificiali, canali di deflusso, scolmatori, ponti e depuratori, cascate e anse, raschi e sedimenti... lo stesso deve accedere ora con me e in me: non freno nulla, non ostacolo il decorso degli eventi, lascio che tutto possa scorrere perché, comunque sia, scorrerà in ogni caso. ☺ E' MOLTO più semplice e lineare evitare di incanalare le acque in luoghi predefiniti, si creano ristagni, ci si va ad impaludare e alla fine il lavoro sarà sempre lo stesso: depurare e far rifluire il tutto.

L'osservazione serena del corso di un fiume mi aiuta a definire il codice numero

Lascio scorrere gli eventi della vita, senza porre ostacoli né argini.

Il fiume è un grande maestro, quando le grandi piogge ne aumentano la portanza può esondare, travolgere, allagare, tracimare; il corso diventa travolgente, il flusso incontrollabile e le forze devastanti, ma poco dopo, nel giro di pochi giorni, le acque decantano la ghiaia, il fango e i detriti depositandoli sul fondo e in breve tornano trasparenti, cristalline, luminose, chiare.

Il sole si riflette e tante, tantissime forme di vita proliferano, nascono, si riproducono in lui e ne caratterizzano l'importanza biologica. Fiori e piante, erba e gabbiani, rondini e germani, libellule ed effimere creano l'habitat dinamico ed equilibrato: così dev'essere il presente, ogni sporcizia va lasciata decantare, ogni inquinamento va depurato, ogni traccia di fango e melma va sedimentata quanto prima, ogni sbarramento va rimosso per fare posto alla corrente, trascinante e impetuosa, che alimenterà con gioia il domani carico di energia creativa.

Devo entrare in simbiosi, in empatia con l'universo e perché questo accada devo sincronizzarmi con i suoi cicli e i suoi percorsi. Non è semplice analizzare l'infinita quantità di ridicoli orpelli, distrazioni consumistiche, tentazioni esistenziali e desideri dell'inutile e del superfluo che impicciano enormemente la strada costringendomi a sforzi disumani per ottenere cose o traguardi inutili. Il percorso ora deve essere aperto, raccolgo tutto ciò che accade come se fossero gocce che alimentano il bacino, evito di prefiggere degli obiettivi o delle missioni: sarà il fiume stesso a condurmi al mare! La foce, lo sbarcare, sfocerò nelle grandi acque con un delta imponente e lì avrò chiara la mia missione ma non c'è molto tempo e alcuni di noi sono predestinati al fallimento: non c'è nulla di male, semplicemente quello era il loro percorso ma io ho il dovere di provare, difendere il mio bisogno di giungere ad un traguardo per onorare e coronare i sogni di vita che mi appartengono.

Diventerò così artefice e non più, solamente, piccola pietra trascinata dalla corrente.

Proprio loro, le pietre: minuscoli rappresentanti di lontane ere geologiche, particelle di una roccia lontana, forse sedimentata sotto immensi abissi di un oceano preistorico, forse emersa dall'eruzione di un vulcano ancestrale, questo semplice agglomerato di elementi chimici figlio del regno minerale ha una lunga storia da raccontare.

La sua energia è un patrimonio contemporaneo delle testimonianze di antichi tesori, non ci sono solamente le pietre preziose, gli ori e i diamanti, ci sono anche loro, apparentemente comuni ma in realtà straordinari portatori e custodi di valori remoti, assottigliati, arrotondati, levigati, la loro sembianza riproduce significati profondi del lavoro eterno di un pianeta che elabora le proprie parti per renderle nel tempo più dolci, più morbide, più serene.

40

Ecco la grande importanza del comune sasso di fiume, una ghiaia maggiore che dimostra quanto tutto, nel tempo, possa mutare e arrotondarsi, le rocce acuminate e taglienti nel corso dei millenni sono crollate, erose dal vento e dalla pioggia, masticate dai ghiacci hanno lavorato a lungo nelle viscere, sotto una morena o in un canalone, hanno attraversato laghi e pianure per depositarsi infine in questa oasi di pace, ora non rotolano più, non tagliano più, non feriscono più... è straordinario il messaggio di trasformazione ed evoluzione che giunge dal semplice sasso, dalla pietra comune della riva comune, messaggio di evoluzione dalle origini ad oggi, messaggio di passaggi attraverso le porte dello spazio, migliaia e forse milioni di anni, quante ne ha viste, passate, trascorse... quante?

E' ora il momento di prenderlo in mano e accarezzarlo, sfiorarlo, sentire la sua superficie liscia modellata dai millenni, valore aggiunto enorme al presunto valore materiale che siamo superficialmente abituati ad attribuire solamente a quelle sostanze rare o utili ai fini del benessere tecnologico.

Storia, vita, regni, terra, ere, passato e futuro sono mappati nel suo minuscolo corpo chimico, tra molecole ed atomi, quarzo e grafite, carbonio e silice, lo amo, lo tocco, lo bacio, lo appoggio sulla pelle e ascolto questi immensi segnali e queste infinite vibrazioni che può donarmi.

Sarà lui ora a offrirmi il codice numero

Sfruttando lo scorrere del tempo tutto ciò che un tempo feriva ed era tagliente ora può essere addolcito, ammorbidito, arrotondato e amato.

Basta cambiare il modo di vedere le cose, interpretarle e tradurle, il mondo non è un libro chiuso con il solo titolo ma è una intergalattica enciclopedia della libertà, una stratosferica biblioteca dell'essere e dell'esistere in cui posso vedere ogni cosa in tanti modi diversi ed è qui che devo esercitarmi, focalizzarmi, concentrarmi, mirare, convergere e inquadrarmi, centrarmi, bilanciarmi...

Amore nelle cose, in ogni cosa, in ogni frutto della terra, in ogni oggetto, ogni forma e ogni sembianza, divento ora cercatore di ori e tesori, mi guardo intorno, l'amore è ovunque intorno a me...

Dalle pietre alle foglie, dai fiori alle nuvole l'universo si manifesta creando quelle armoniche figurazioni da cui hanno origine le emozioni, simboleggiando paure e gioie, terrore o felicità, sta solamente a me la capacità di interpretare e di scegliere.

Questo è un passaggio importantissimo, è come guadare un fiume, attraversarlo su un ponte sospeso, passare da una riva all'altra, cambiare sponda. Quante volte si dice scherzando, come se la metafora delle sponde opposte possa simboleggiare un modo quasi contrario di essere o di vivere, di divenire? Nella realtà la destra e la sinistra sono semplicemente specchi della stessa unità, non c'è un prima e un poi, un meglio o un peggio, un sopra e un sotto, ci sono solo due possibilità equivalenti che a seconda dell'ansa in cui si riferiscono diventano una l'opposto dell'altra per poi invertirsi nuovamente. E' tutto chiaramente molto simbolico, si tratta semplicemente di collocarmi correttamente in questo quadro sinottico e concentrarmi sempre più nella ricerca del bello, del buono, del meglio, del giusto: **dell'amore.**

Non è un banale esercizio di pensiero positivo o una ricettina futile per migliorare lo stato d'animo, questa è una vera e propria presa di coscienza che intorno a me straordinarie meraviglie circondano il vivere indipendentemente dal mio livello di stress o di salute psicofisica. Certo, non è semplice pensare nel pieno traffico cittadino che sopra di me, tra le mura dei palazzi, i fili della rete elettrica tranviaria e telefonica, attraverso tegole e comignoli, in quello spicchio color cielo si spostino masse gassose di vapor acqueo sospinte dal vento, ma posso provarci, sentire la percezione di quelle particelle d'acqua che si addensano, si uniscono per creare la pioggia che disseterà la Terra, si agglomerano in artistiche forme riflettendo i colori del sole e magari rondini e gabbiani volteggiano nell'abbraccio candido disegnando cerchi nello spazio, traiettorie senza confini che rappresentano l'aria in cui spalancare le ali... Dalla Terra, l'Acqua... nell'Aria...

Tre elementi primari che sono sempre in me e intorno a me, mio habitat, respirare, toccare, bere, dissetare, nutrire, correre, volare, quante volte accade senza che ci sia la consapevolezza del miracoloso elisir di circostanze geofisiche preposto alla concezione della vita? O forse qualcuno nel suo schema evolutivo si è per caso immedesimato a tal punto nei progetti consumistici da pensare che al nostro vivere sia necessario il fumo, l'alcool, il cioccolato o la tv, il cellulare o lo ionizzatore, il filtro antiparticolato o quello antipolline, la copertura h3G piuttosto che i canali satellitari o il quattroruote full-optional per pavoneggiarsi davanti agli amici o colleghi che di optional ne hanno solamente 357 ... ??? Tutto bello e certamente gradevole, utile e piacevole ma quando sento il richiamo naturale, le particelle genetiche che pulsano quasi frenetiche di fronte al bisogno di vivere che è diverso da quello di *consumare* significa che devo provare, anche solo un istante, a collocarmi fuori dalla realtà socio-culturale-commerciale-politica-progressistica e volare lassù, nuotare verso l'altra sponda dove trovo solamente le origini del mio ceppo biologico, gli strati più autentici della mia morfologia spirituale, l'habitat di origine a cui le cellule attingono per clonare a tutti noi il singolo *"esistere"*.

E ora molta, moltissima attenzione perché sto per presentare un codice molto importante, doppia cifra, numero tondo, base del sistema metrico: il dieci!

E' un passaggio molto importante perché da questo momento accetterò di convivere con grande serenità insieme a tutte quelle parti di me che appartengono al patrimonio esistenziale, dolori e lutti compresi, successi ed insuccessi, momenti di gloria e momenti di sofferenza, traguardi e fallimenti, sogni ed incubi:

10

Faccio la raccolta differenziata di tutto ciò che sono.

Buttare non si può fare, non hanno ancora inventato un sistema per cancellare dalla memoria le cose poco gradite, non sono un hard disk e quindi devo convivere con tutto ciò che è stata la mia vita e con l'intero bagaglio accumulato di conoscenze, ricordi, esperienze, studi e ricerche, test, prove, esperimenti, tentativi, risultati, tutto... Però, anziché tenerlo caoticamente accatastato alla rinfusa nei canali mnemonici faccio una vera e propria differenziazione di tutto ciò che mi passa in mente, ricordi nitidi o sbiaditi, percezioni, pensieri.

Immagino di avere in me tanti recipienti contenitori e decido come classificarli: ricordi belli, ricordi brutti, momenti di dolcezza, di esaltazione, di dolore, di sacrificio, di gioia, di insicurezza, di potenza, di debolezza... avanti così e man mano che vivo o rivivo i miei clusters esistenziali, li posiziono in uno dei rispettivi contenitori: sto facendo ordine !

E' una cosa straordinaria! Non butto via nulla, semplicemente li separo, li divido, li classifico ed è una operazione importantissima perché mi consente di avere da una parte contenitori di ricordi brutti a cui accederò il meno possibile e dall'altra quelli positivi, colorati e luminosi dei momenti di gioia a cui cercherò di attingere a piene mani più sovente, provando possibilmente a incrementarli con nuove esperienze solide e costruttive.

Ma se anche avessi interi containers di *momenti no* poco importa, sto riordinando il tutto ed è indifferente se ho tanti o pochi momenti piacevoli o spiacevoli, è una riorganizzazione del mio patrimonio interiore, null'altro.

Magicamente mi accorgo presto di come, osservando le cose con chiarezza, sono in grado di posizionare sempre più rapidamente ogni singolo episodio, persona, momento, scelta, passaggio, periodo della mia vita classificandolo immediatamente e riponendolo nel suo apposito contenitore. Ho così sempre meno voglia di accedere alle componenti negative che resteranno lì, impignate nel bidone nero della roba vecchia, dell'umido da degradare e lasciar decomporre affinché si trasformi nel tempo in biogas, riserva energetica naturale che alimenterà le mie energie positive.

Differenziare significa vedere chiaramente quante e quali cose mi appartengono: spesso mi lamento di avere poche gioie o di aver sofferto parecchio, questa valutazione è sempre ingiusta perché la tendenza è sempre quella di soffermarmi più a lungo sui momenti negativi mentre quelli positivi vengono ricordati non con la dovuta gicia, ma con ingiusto rimpianto. Non deve essere così! Con questa logica il brutto è brutto in quanto tale e il bello è brutto in quanto trascorso...? Che senso ha?

Non va bene!

Divido tutto a dovere e mi accorgo subito che i contenitori delle cose belle e positive, dei momenti sì, le gioie e gli amori, le vacanze, i luoghi, le feste e le gioie ci sono, sono tante e, radunate insieme in un unico luogo, rendono perfettamente l'idea di quante cose belle ho avuto e devo gioire di questo.

Tanto quanto gioisco nel vedere i momenti non identificati, classificati, smaltiti e rinchiusi in contenitori ermetici, sono un po' come le scorie tossiche, non li posso distruggere ma posso renderli inerti, inoffensivi, per cui li divido da tutto ciò che è buono, giusto e bello, per evitare di inquinarlo e poi osservo il lavoro svolto, man mano che mi assalgono pensieri, ricordi e stati d'animo li posiziono nel settore relativo, nel reparto che li classifica, è veramente semplice tutto questo e prodigiosamente efficace!

Ora posso allargare le braccia ponendole verso levante e verso ponente: braccio sinistro verso il sorgere del sole, braccio destro verso ovest in direzione del tramonto, resto così, lascio che le energie di modellazione del tempo e dello spazio convergano in mi e mi attraversino, mi carico come un condensatore umano, ascolto questo flusso benefico che determina il giorno e la notte, lo scorrere della vita e il moto dei pianeti. Ci sono anche io, perfettamente inserito in questo meccanismo globale, ne sono parte e devo solo sintonizzarmi, allineare la mia frequenza a quella cosmica per scoprire così, magicamente, che tutto va bene, tutto è bello, tutto funziona alla perfezione. E' solamente un modo di vedere le cose che in genere tende a falsificare la prospettiva, distorcere la visione, non devo farci caso. Quando ho la sensazione di fastidio, alterazione, disagio, quando avverto quel fremito all'addome che vibra esattamente come un radiofaro emotivo, quello è il preciso segnale che i miei ricettori trasmettono per lanciare un piccolo sos interiore.

E' un campanello d'allarme che dice:

"Stai uscendo dal percorso"

E' vero che sono perfettamente libero di uscire fuoristrada e divertirmi a deragliare, ma è altrettanto vero che poi mi lamento perché sono stanco, usurato, inappagato, irrealizzato, perché i conti non tornano, perché le cose non vanno nel verso desiderato... Mi allineo!

Questa posizione che io definisco *Posizione del tramonto* rivolge la mia attenzione energetica non solo all'arco celeste che il sole percorre nel suo cammino diurno, ma anche agli astri che seguono la stessa traiettoria e soprattutto alla luna, il satellite principesco che dona al mio vivere i raggi argentati dell'amore e del sognare.

Non mi stanco di osservarla, le sue fasi calanti e crescenti, la sua posizione, la sua luminosità sono un benefico dono del cielo alla mia stabilità emotiva. Lei mi arricchisce di poesia, rinfresca la mia sete di compagnia e conforta la solitudine, le lacrime e la fatica. Compagna della notte guida le piccole anime alla rinascita quotidiana del mattino, accompagnando volpi bianche e cuccioli di cerbiatto, procioni e camosci, lepri e uccelli notturni, insetti, lucciole...

Ogni volta che il mondo si risveglia lei sembra quasi assentarsi, spegnersi ma ogni notte, nel cammino, è il prezioso faro che indica la via.

Ecco perché il codice numero undici, il numero parallelo formato dalle duplice base del sistema metrico, è particolarmente importante e prezioso:

11 Allineamento con le forze celesti

Non va inteso, per favore, come una specie di esercizio astrologico tipo quelli che si immedesimano con astrazioni sovrannaturali di vario genere: sto parlando di qualcosa di estremamente concreto e pratico, resto dentro me stesso e cerco una sintonia parallela, una sinergia, una simbiosi, una osmosi, travaso il movimento degli assi di rotazione nel mio modo di camminare, provo a sentire il potere gravitazionale che rende tutto l'immenso volume cosmico perfettamente equilibrato, il caldo e il freddo, il giorno e la notte, la regolarità delle stagioni, il perfetto scandire del tempo. Ci sono cose ultrastraordinarie che accadono ogni secondo e spesso se non sempre nessuno ci pensa, come se fosse normale, banale... Ma guardo bene questo sole che a migliaia di chilometri di distanza accende regolarmente la luce nel nuovo giorno risvegliando tutto e tutti: **è qui che devo allinearmi!** Sentire che sono circondato da un sistema semplicemente perfetto in cui mi sono divertito a deragliare, confondermi, alterare ed alterarmi seguendo ritmi e abitudini che non sono tipicamente mie, posso comunque vivere come meglio credo, ma importante è avere in me questa dimensione definita e consapevole dell'equilibrio universale. Tutto è bilanciato tranne il mio vivere, tutto è perfettamente calibrato tranne la psiche umana! Basterebbe una minima variazione nella velocità di rotazione dei vari pianeti e la luna sarebbe un giorno piena, un giorno mezzaluna e poi, via via che capita, un po' calante e un po' crescente invece no: è un ciclo perfetto lineare e sequenziale, ma sono così superficiale da pensare che tutto questo sia casuale? O così semplicista da scaricare tutto su un dio generico bravo per le cose che ha creato e un po' meno per il male che assilla l'umanità?

Però il bene è merito suo e il male colpa dell'uomo vero?

Ma non è più semplice aderire all'identità cosmica, una specie di certificato di residenza nell'Universo che non ha alcun costo e, per una volta tanto, nemmeno tasse da pagare?

Ci sono dei presunti saggi per la ricerca della felicità che enunziano leggi parascientifiche, a metà strada tra il metafisico e il matematico, dati e testimonianze, esperienze e ricerche veramente prive di uno scopo, vere o non vere che siano certe cose di sicuro non sono in grado di influenzare la felicità individuale, di sicuro! Sono pasticci determinati dalla confusione personale di qualche anima smarrita, niente di male, capita a tanti ed è in fondo indice che la tendenza è quella di cercare il bene, il bello e il giusto, però attenzione! la fisica quantistica, le macchie solari, gli alieni, atlantide e neppure le letture di presunti illuminati sapranno darmi il sorriso perduto, quello è in me da sempre, è la mia bocca che deve sorridere, sono le mie labbra che devono imitare la posizione della luna nuova! I manualetti della felicità vanno bene per uscire dal fango della depressione ma si fermano lì, alla superficie, vanno bene per riemergere dal buio ma poi entrano in un regime di inconsistenza che l'unica possibilità diventa leggerne un secondo, un terzo, iscrivermi a un corso, un seminario, leggere ancora, praticare discipline, esercizi e tante, infinite pratiche ciascuna delle quali alza il mio felicitometro di qualche millimetro, se va bene...

Mi attacco, stringo il ramo, simbolico appiglio per uscire, saldarmi rinfrancarmi, appendermi, riferirmi, evitare che queste forme di vita mi risucchino nel loro habitat grigio popolato da pipistrelli che aspirano energia e motivazione... la mia mano è forte e sento che restare afferrato a qualcosa di importante mi impedisce di affondare, emergo, e loro si allontanano...

Sono forme reattive estremamente flebili, deboli, non a caso narrate da cantastorie improvvisati che spesso hanno brancolato una vita nei meandri del nulla e poi si sono illuminati dopo aver scoperto l'acqua calda! Ma questa non è una strada, non è una soluzione, non è un percorso! Sono giochini infantili che servono a dare fiato, ossigeno 5 minuti e poi vi assicuro che non si costruisce nulla, non rimane nulla e soprattutto **NON SI RISOLVE NULLA** e nulla cambia, nulla evolve, nulla progredisce, nessuno cresce e nessuno matura!

Giochetti e nulla più, scritti da persone irrealizzate che hanno provato a destra e a sinistra e poi si sono confrontati creando nuova, ulteriore confusione. Proprio in questi giorni ho letto una introduzione di questo genere:

"E, giusto perché tu lo sappia, ho avuto a che fare in varia misura con alcune cosette come: medicina energetica, legge d'attrazione, pnl, eft, imagestreaming, metodo silva, sciamanesimo huna, photoreading, yoga, meditazione, rebirthing, varie tecniche di respirazione, hoponopono (o ho'oponopono che scriver si voglia), reiki, integratori alimentari, cristalli, pensiero positivo, rilassamenti, e probabilmente qualcos'altro che ora non mi viene in mente."

Tra me e me penso:
"Cavolo! E' messo bene sto qui!!!" ☺ ☺ ☺

E lo dico in simpatia e nel massimo rispetto di chi comunque cerca la sua strada perché evidentemente si è ritrovato un po' smarrito lungo il cammino...

Ma per sbattersi a questo livello uno deve essere proprio alla frutta, deve avere un tale tasso di mortificazione interiore probabilmente causato da esperienze dolorose, momenti difficili o traumi, ed è per questo che ripeto e sottolineo il mio massimo rispetto anche per una visione esteriore diversa dalla mia, dopodiché la mia convinta convinzione è che tutte queste cose servono giusto a uscire dalla nebbia, tanto quanto può fare un buon film umoristico o qualunque "zuccherino"... ma improntare la vita su queste basi significa **vivere sulla fragilità di una lastra di vetro sottile**, nessuna consistenza, nessun costrutto, solo tecniche superficiali per glissare la realtà che, ben lo sappiamo, è a volte dura da accettare.

Non sarebbe lo stesso dire:

"Il mio curriculum è: 2 anni di depressione più 5 di ricadute, 3 di attacchi di panico, 2 ricoveri in psichiatria, 4 degenze in neurologia, 2 tac per la verifica dello stress, 1 esaurimento nervoso, 3 psicoterapie e via dicendo... "

Fuggire dalla concretezza e rifugiarmi in questi giochetti alternativi non ha nessun valore risolutivo anzi, direi che a questo livello si fa anche una discreta confusione, forse per questo che un'anima magari già satura di difficoltà si tuffa in discipline di questo genere esasperandosi a questo livello.

Non vuole veramente essere un attacco a nessuno però io sono estremamente sensibile a queste forme di ricerca interiore che non scavano nell'anima per identificare quei codici autentici in grado di inanellarsi come un genoma di vita uno sull'altro, io cerco la trasparenza del diamante e quando vedo foschia salgo più in alto finché l'aria pura mi consente di guardare agli orizzonti lontani, parlo con ogni forma del regno animale, vegetale o minerale che sia, le ascolto e ricevo questi grandi segreti che non sono tali in quanto nascosti, anzi... sono quanto di più evidente e macroscopico esista: è la distrazione umana che ha alterato la visione posizionando le cose più immediate in secondo piano. Ma mi rendo conto che pago il canone RAI per vedere delle boiate stratosferiche, per arricchire degli schifosi arrivisti che si spacciano per artisti e diffamano l'umanità intera con le porcherie che raccontano? Mentre posso assistere gratuitamente al magico spettacolo di un'alba, guardare le nuvole che si spostano su un fondale azzurro cielo e creano forme, filamenti, gratis, tutto gratis, provo a immaginare un attimo se il signor Cosmo avesse definito un canone per questi spettacoli straordinari quanto avrebbe dovuto farlo pagare? Altro che la televisione! Ma noi ci siamo distorti da tutto questo e la natura la conosciamo più attraverso i documentari che nella realtà stessa in cui è stata forgiata! Eppure siamo naturali, biologici... cellule e tessuti esattamente come ogni altro animale, ci differenziamo per la ragione e forse anche sul piano emotivo ma proprio questo dovrebbe aiutarci a capire che dobbiamo collocarci nelle sintonie del pianeta e non in quelle della televisione, del telegiornale o del corriere, quelle sono conseguenze di un sistema *"culturale"* costruito dal *"progresso"* che ci ha portato fuori dalle caverne per ritrovarci in una specie di formicaio urbano a vivere in qualche metro quadrato dal costo di migliaia di euro cadauno, circondati da grattacieli, strade lastricate di bitume, asfalto, cemento, ringhiere, pensiline e marciapiedi, box e ponti, ferrovie e metropolitane, cavalcavia, acquedotti e metanodotti, tabacchi e supermercati, centri commerciali, cinema multisala, simulatori e ionizzatori, depuratori, climatizzatori, reti mobili, reti wireless, inchiostro elettronico ma cosa... cosa è rimasto del nostro patrimonio di origine? La possibilità di andare in vacanza e scoprire che l'erba esiste veramente? O che i fiori di campo hanno il profumo dell'erba e la fragilità di una farfalla? E' la mancanza di rapporto con l'ecosistema che ci allontana dall'equilibrio di base: i bambini non nascono certo depressi e nessun animale lo è! Lo diventiamo ed è normale, vorrei ben vedere che uno non smarrisca la strada a vivere in questo modo, l'educazione e la scuola ci incanalano in una direzione, la vita ci porta a mercificare e quantificare tutto, il tempo non è più uno scorrere armonico ma un ostacolo con cui misurarci ogni istante!

E' innaturale tutto questo e va bene finché ci consente di vivere serenamente, avere agi, vizi, piaceri, interessi, divertimento e cultura, studiare e spostarci, volare e viaggiare ma quando il nostro sistema emotivo entra in crash e tutto si blocca per un misterioso senso di malessere che senso ha fare un giro infinito intorno alle problematiche per arginarle ad una ad una? Che scopo può esserci nel diversificare, nel compensare, nel lasciare ogni cosa allo stesso posto e nello stesso modo cercando di riequilibrare dei pesi enormi con esercizi fisici o spirituali che siano, tecniche che a volte portano risultati dopo mesi, anni... e sono comunque forme di compensazione?

Prendi una botta? Ecco l'antiinfiammatorio!
Un taglio? Pronti il disinfettante.
Dolore? Prendi un analgesico.
Infezione? Vai con l'antibiotico.
Sei triste? Abbiamo anche l'antidepressivo.

In un sistema di questo genere poi è normale che uno va a cercare rimedi altrove, ma se ci attacchiamo allo zen prima e all'hoponopono poi, se ci infiliamo nelle costellazioni familiari al lunedì e nello yoga al martedì, se leggiamo un saggio oggi e un ricettario domani, saremo sempre lì... al punto di partenza! Devo resettare! Non posso cercare un antidoto al sistema nel sistema stesso che lo ha determinato! Perché alcune tecniche primitive hawaiane piuttosto che degli indiani d'america vanno tanto di moda? Perché sono originali, genuine, NATURALI! Ma io non posso fare una vita completamente discostata dall'essere e pensare di riequilibrarmi con una pastiglia omeopatica anziché allopatica o risolvermi con il reberhing piuttosto che con lo xanax. E non credo neanche sia possibile mollare tutto e tornare alla natura perché comunque, a modo suo, la tana domestica ha le sue comodità, il riscaldamento, l'acqua potabile, la doccia e la cucina, il divano e il letto confortevole, la lavatrice e le luci... non posso mettere in discussione tutto questo e neppure a modo suo il sistema educativo, sociale o culturale, sarebbe troppo impegnativo e sono in fondo dell'idea che tutto va come deve andare.

No, è molto più semplice!

Rianalizzare tutti i percorsi, il credo, i perché e i percome, perquando, scavare nel mio passato, nelle vicissitudini storiche dei miei percorsi, delle scelte, dei momenti motivazionali e dei passaggi strategici che hanno via via determinato il mio status contemporaneo è lungo, laborioso e probabilmente eterno, può essere interessante, curioso, divertente, appagante ma non è una cosa pratica e neppure rapida.

Banalizzare la mia identità limitandomi a seguire discipline o religioni preconfezionate è una grave rinuncia personale all'esprimermi, al realizzarmi e soprattutto al conoscermi. Cosa dovrei pensare: di essere qui tra milioni, miliardi di individui per essere tutti uguali, conformati ed aggregati in un unico mare generico dove i grandi pastori mi portano avanti e indietro dall'ovile al prato per brucare l'erbetta e viceversa?

Ma è proprio quando cerco di conformarmi, uniformarmi, adeguarmi che subentra l'infelicità... è proprio quando rincorro le grandi ideologie sociali che vado in crisi e tutto il sistema interiore va in tilt e suona l'allarme rosso... per fortuna! Ma per fortuna che esistono gli attacchi di panico e tutti questi splendidi segnali che indicano un preciso stato di allerta per impedirmi di superare alcune soglie di rischio! Gioisco quando giunge l'ansia! Penso che sono arrivato al punto di pagare fior di soldi pur di provare qualche emozione artificiale: ci sono film dell'orrore, thriller, libri e fumetti splatter, l'angoscia e la paura, gli incubi e il terrore vengono venduti per stimolare brividi, la casa degli spettri vi dice niente? Se non siete stati a Londra a vedere il *Dungeon London* fate un salto in internet a vedere di cosa si tratta e riflettete seriamente: sapete cosa vi dico?

"Non esiste nessuna realtà artificiale, virtuale o simulata così potente quanto l'ansia, gli attacchi di panico o le fobie personali! Prendetele come un gioco e divertitevi a vibrare, avete capogiri gratuiti, palpitazioni reali e sudorazione omaggio, c'è

perfino il 5D della vertigine totale e se vi sembra di essere ubriachi pensate che non avete neppure bevuto un goccio e non rischiate di avvelenarvi il fegato!"

Non sto scherzando, un eccellente modo di convivere con ansie e paure non è quello di combatterle ma l'esatto contrario: mi alleo con loro, le considero uno spettacolo interiore gratuito e mi diverto a viverle, sono emozioni vere, stati d'animo e non fiction, in poche parole il massimo!

Ed è così' che svaniranno nel nulla, letteralmente, nel nulla...

E come penso di poter combattere le paure? Con il terrore? E' chiaro che se ho paura delle paure le alimento no? E continuerò ad averne, sempre di più.
Se prendo pillole non cambia nulla e se vado dallo psicologo cambia poco, mi farà una tale salsa, una zuppa e una minestra interminabili e se va bene avrò dei sussulti emotivi per cui ogni tanto starò meglio, poi starò peggio e via così... mi diranno:

"Sei emotivo, emotiva, stressato, stressata, sensibile, inquieto, bipolare, borderline, tripolare, ansioso, ansiosa, depresso o depressa..."

E nessuno farà nulla per risolvere nulla... nessuno! Solo girare intorno al problema, sempre e solo girarci intorno.

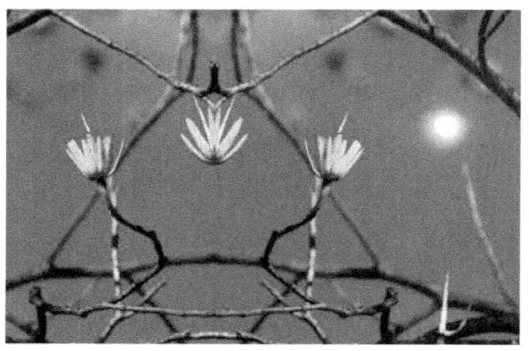

"Pensa positivo"

Ma non è una soluzione pensare positivo: è solamente un giochetto mentale per imporsi un pensiero anziché l'altro! Non cambia di una sola virgola il mio modo di essere! Certo che è meglio piuttosto che pensare negativo, ma certo, ma è solamente il cucchiaino di dolcificante nel mare di amarezze!!!

Il codice numero 12 è molto semplice e si chiama:

12

SVEGLIA !!!

E' semplicissimo, ma importantissimo !!!

Immagino di prendere una sveglia, quelle vere di una volta, di latta e campanaccio, con le molle da caricare e la chiavetta che fa tric... traccc... giro questa chiavetta, la carico al massimo e poi regolo per bene l'orario, posiziono la rotellina al momento in cui voglio farla suonare e poi aspetto... più di 24 ore non posso attendere ma quando sarà il momento...

DRRRIIIIIIIIIIIIIIIIIINNNNNNNNNNNNNNNNNN

Suonerà veramente!!!!

Quel bellissimo batacchio che oscilla come un piccolo martelletto a destra e sinistra trillando sui campanaccini, vibrazione insopportabile e irresistibile... puntatela questa dannata sveglia e anche se non avete voglia di svegliarvi ora, adesso... potete rimandare al massimo di un giorno: 23h e 59 minuti primi è il vostro tempo limite, potete farvi le pigne ancora per poco, fatele, divertitevi a farvele fino all'ultimo, le pre-occupazioni, quel meraviglioso meccanismo in-cosciente che vi induce a creare un intero mondo parallelo di pensieri spesso cupi ed ossessivi e sempre assolutamente inutili dovuti al piacere gratuito di immaginare il peggio nelle cose!!!

State vivendo un momento bello:
"E se poi questo momento finisce...?"

Ma è ovvio che finirà, no? Che scoperta! A cosa serve pensarlo?
Solo ed esclusivamente a rovinarlo, ecco a cosa serve!!!

State vivendo un momento brutto:
"Ma quando finirà? Cosa farò? Come farò?"
Nessuno lo sa, nessuno può dirlo, sono tutti pensieri INUTILI e servono solamente a rafforzare il momento negativo, dare energia alle difficoltà, alimentare il circolo vizioso della depressione senza risolvere NULLA!!!

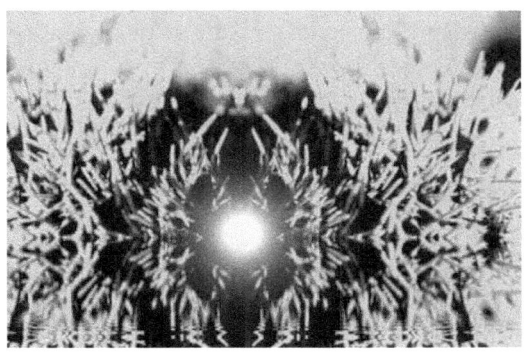

Fermate la mente, spegnete il pensiero, ecco perché vi fanno una testa così con il pensiero positivo! Fin qui va bene ma non è che basta pensare una cosa per realizzarla, per favore, ma per favore, ma per favore! Se così fosse sarebbero tutti presidenti e tutti attori o calciatori o benefattori!

Come detto più volte sinora, e mi soffermo a lungo su questo argomento perché c'è una chiave delicatissima da interpretare, spostare l'asse del pensare da una direzione negativa, gratuita e inutile ad una positiva, altrettanto gratuita e inutile, serve solamente a prendere una boccata di ossigeno, **SOLO A QUELLO !!!**

Non illudetevi che pensando di diventare ricchi lo diventerete, per favore:

NON FUNZIONA COSI'!!!!

Di tutte le persone che adottano queste tecniche superficiali una su mille si realizza e ottiene risultati reali: gli altri la adottano come modello di riferimento e dicono:

"Funziona!!! E' dimostrato che funziona!"

Ma la percentuale di successo tra chi adotta giochini o strategie scritti su libercoli, ricettari di vita o vademecum della felicità è identica a quella che c'è nella vita in genere, **IDENTICA!!!** Io sono particolarmente agguerrito contro queste metodologie perché illudono una infinità di persone sofferenti che sia possibile vincere il dolore con un sorriso, uscire dalla depressione cronica con due tisane e un biscottino della felicità!!!

Sono tecniche **FALSE E DESERTIFICANTI** che deprimono l'anima, vi assicuro che leggere due barzellette è più costruttivo ed efficace!

Il suono delle campane tibetane nel mio loft di Piazza Navona o nel monolocale in periferia di Milano, Torino o Bologna che sia, centra come i cavoli a merenda, però fa business e dona sorriso e benessere, ma non a me bensì al presunto profeta che me l'ha venduta! Nulla porta fortuna o benessere così, solamente perché qualche saputello ritiene di aver testato o sperimentato una pietra piuttosto che un cristallo, nulla e nessuno! lo posso scrivere, sottoscrivere, certificare, garantire e dimostrare, di sicuro c'è solo questo: sono tutte panzanate, tutte! Dal talismano al quadrifoglio, dal cornetto al portafortuna, dal profumo per l'anima a tutti questi buffi e superficiali metodi, su metodi su metodi, chiunque scopre qualcosa ne crea una disciplina, pomate, unguenti, profumi, colori, pietre, fiori, erbe, suoni... nascono così migliaia di gadget a modo loro anche belli, gradevoli, oggetti carini, a volte possono condizionare lo stato d'animo ma per favore, stiamo parlando di aria fritta e acqua tiepida, per favore: SVEGLIA!!! C'è gente convinta di cambiare le energie domestiche posizionando una spirale sulle scale piuttosto che un cristallo davanti alla porta di ingresso, ma cosa credono? Di realizzare i propri sogni senza sbattersi un solo istante?

Che qualcuno sia disposto a preparargli la pappa e magari anche a servirgliela?

Le persone che sono uscite dal loro acquitrino esistenziale e poi si sono realizzate ad alto livello sono, come nella norma, una su qualche migliaio. Non c'è nessuna formula! Nessun segreto!!! Loro ci sono riusciti perché avevano caratteristiche, qualità o energie particolari ma erano le loro qualità, le loro caratteristiche e le loro energie, PUNTO! A migliaia di altri che ci hanno provato con lo stesso metodo non è successo nulla, ovvero sono usciti dalla nebbia, dallo smog interiore e si sono limitati a vedere la luce del sole, poi magari hanno fatto due conti e hanno deciso che, tutto sommato, andava bene così.

Tutto qui. (!!!) ☺

E non farti ingannare da chi parla, PARLA, STRAPARLA in sintonia con voi ma poi resta lì, nella sua melmosa monotonia apatica e rinunciataria, il tuo dono è la rabbia, l'energia, non aver paura di aggredire: i gesuiti sono passivi, le pecore sono passive... non aver paura di sentirti un rapace, lascia crescere gli artigli, affilali, non aver paura di infilzare, conquistare le tue prede... nessuno ti regalerà nulla, se vuoi qualcosa devi conquistarlo e tocca combattere perché questo accada.

Ma cosa credi?

Una volta raggiunto il successo, il denaro o la fama sarai più triste di prima!

Questo sì che te lo posso garantire!

Dovrai farti un mazzo cosi per difendere le tue cose, gestire beni e capitali, sarai imitato, invidiato, perseguitato da falsi bisognosi e pessimi consiglieri, avrai meno tempo per te e obblighi e doveri di cui magari, ora, fai volentieri a meno!

Ecco perché la tua parte condizionata dal consumismo e dall'arrivismo moderno tende a volersi realizzare nella stabilità economica e nei canoni di teorica tranquillità e realizzazione degli standard sociali: casa, diploma, lavoro sicuro, pensione, famiglia, chiesa, cultura, televisione, eccetera eccetera... mentre la tua sfera intima, consapevole e profonda suona piccoli o grandi campanelli di allarme per ricordarti che non gliene frega niente, ma proprio niente, di dedicare anni di lavoro per pagare le rate dell'automobile o del mutuo.

Al tuo "IO" autentico interessa l'amore, la gioia, la serenità, la pace, interessa il rapporto con il mondo e la natura, la bontà, la libertà, lo spazio, il benessere derivante dalla propria libertà interiore e cosa succede? Nascono i conflitti, semplice! E sai qual è la cosa buffa? Che quasi sempre pensiamo di doverli risolvere in favore dei beni materiali, dei traguardi, del successo personale.

Eccola qui la fregatura!

Ed ecco il preziosissimo codice numero

13

NON CADERE IN TRAPPOLA!

E' SEMPLICISSIMO distinguere ciò che realmente desideriamo da ciò di cui ci importa poco o nulla, ma siamo talmente condizionate dai traguardi sociali che a livello cosciente non ci riesce quasi nessuno!

E' un dramma, una autentica piaga sociale!

Il traguardo non è essere carichi di impegni ma avere tempo per sé stessi, spazio per ascoltarsi, viversi, dedicarsi alla scoperta di sé, al percepire la coscienza, dialogare con la propria anima. E invece si fa il contrario, ci si impesta di inutili interessi, si rincorrono obiettivi che non sono nostri ma del mondo che ce li impone come unità di confronto.

Ma proviamo solamente un istante a immaginare di essere una di quelle buffe persone che soffrono perché la loro barca è più corta di quella del rivale, ovvero si pavoneggiano perché ce l'hanno più lunga! Proviamo a farci un'idea di quante persone vivono una relazione di coppia per un interesse economico anziché per amore e non sono disposti a romperla, rinunciare alla ricchezza economica per gioire della ricchezza personale. Nessuno lo fa e quindi di cosa vogliamo parlare? Dare il prontuario della felicità ad un mondo che vive in questa spirale che porta a seppellire l'amore in un gorgo divorato dal kraken dell'ignoranza?

Quante persone dedicano anni per conseguire una laurea che non era la loro ambizione, ma quella di un modello sociale che prevede un lavoro migliore a chi si specializza in una certa direzione. E poi cosa fanno? Dedicano i 30-40 anni successivi a svolgere una mansione che gli dà stabilità economica e li corrode emozionalmente? Per fortuna che esiste l'ansia a segnalare che qualcosa non va, **per fortuna...** ma non è lei che va combattuta bensì questa metodologia che non è neppure attuale: oggi il lavoro garantito a chi è laureato o diplomato è una mera utopia.

Oggi il posto inamovibile non esiste più e questo non deve destabilizzare, anzi: stiamo andando incontro ad un'era di trasformazione positiva e di grande ricchezza in cui tutti saranno chiamati ad esprimersi, liberare il proprio talento e la propria iniziativa, non è straordinario questo?

NO!

Perché a parole si dicono alcune cose ma in realtà la pigrizia vince sullo spirito d'impresa!
Ed è un fatto assodato!

La questione felicità, benessere, ansia, realizzazione, gratificazione o soddisfazione non si gioca sull'asse negativo-positivo ma sul piano della sincerità e della **chiarezza interiore**.

E' tutto qui ed ecco perché collassiamo spesso e volentieri. Perché siamo abituati a dire come una filastrocca che ci piacerebbe questo e quello ma in realtà barattare la propria inappagante passività con la necessità di sbattersi a fare una infinità di cose per raggiungere traguardi non ci passa proprio. E lamentarsi è più semplice, meno impegnativo, ci dà la solidarietà della maggior parte delle persone anziché l'invidia delle stesse e quando va bene anche un aiuto, una mano, un conforto.

Mettiamocelo in testa forte e chiaro:
i risultati sono frutto del proprio agire, del proprio entrare in azione, muoversi, correre, impegnarsi, rischiare, fare una infinità di cose che portano anche ulteriore preoccupazione finché non giungono risultati effettivi, dentro di noi c'è spesso una voce che dice:
"Non me ne frega niente!"
e noi, mentalmente condizionati a creare classi sociali, livelli, classifiche e punteggi, entriamo in sofferenza... ma non c'è un migliore o un peggiore, non esiste! Se provate a frequentare gente estremamente benestante vi assicuro che scappate dopo 24 ore! Sareste disposti come fanno in molti a vivere con le guardie del corpo, schermati e protetti da tutto e da tutti? Io no!

E neppure vorrei avere aziende da gestire e un parco di decine di automobili di grossa cilindrata, meno che mai una casa gigantesca con il parco secolare e la servitù: mi basta un bollo auto da pagare e un mutuo, o affitto che sia... Perché sarebbe uno sbattimento enorme e non avrei più quel tempo preziosissimo per guardare le stelle, assaporare il sapore dell'acqua di mare quando le onde si infrangono sulle mie labbra, ascoltare l'eco delle rocce che riflettono il vento di montagna o il canto dei gabbiani al tramonto, quando i pittori della sera esprimono la propria arte colorando il mondo.

Ho visto padri di famiglia travolti da ritmi frenetici, senza un minuto di tempo, perfettamente incravattati e con giacche perfettamente sagomate, scarpe lucide a auto di prestigio: lavorano come dei robot, vivono nella competizione, non hanno un attimo per i propri figli e lamentano di non vederli mai ma non rinuncerebbero alla carriera per amore, mai! Si sveglieranno più avanti e forse sarà tardi... alcuni muoiono con i loro capitali risucchiati dagli eredi che fanno a gara per sperperarli avidamente, è disgustoso, deprimente, angosciante tutto questo, veramente terribile!

Mentre nessuno potrà mai discutere il calore di una serata con dei buoni amici, la cucina casalinga, il piacere domestico della compagnia sincera, dello scambio di attenzione, della crescita derivante da esperienze di vita reale.
La vita reale è quella che si gioca nella realtà.

Poi c'è un mondo artificioso in cui è possibile dedicarsi per decenni interi alle bolle di magazzino, al libro paga, agli interessi bancari piuttosto che ai movimenti della borsa di Francoforte, al ritardo di una fornitura, agli insoluti, alle cause di recupero crediti, corse nel traffico, togliere un graffio dalla carrozzeria dell'automobile, intonare la cintura alle scarpe e gli orecchini all'anello, indebitarsi, espandersi, agguerrirsi contro la concorrenza, seguire le valute, il cambio, il dollaro, lo yen ma di cosa stiamo parlando?

Per questo va bene fare una doccia emozionale con l'acqua vaporizzata profumata e colorata, queste sono VERE sensazioni di benessere! Durano, purtroppo, qualche ora al massimo ma almeno sono vere!

Mentre la vita intorno a me, il giorno e la notte, il sole e la pioggia, la luna e le stelle, il vento e la primavera, le rondini e le onde del mare ci sono, esistono, realmente e sempre... Mi sintonizzo con loro, mica con i canali satellitari! guardo verso l'alto, verso l'universo vero, mi sento parte di questo insieme perché lo sono e cerco di stabilire un compromesso tra il ritorno nelle caverne e il mio habitat civilizzato...

Non è facile, lo so... tante cose sembrano quasi irrinunciabili, necessarie, fondamentali, ma quante volte sono cambiati i miei gusti, quanti oggetti ho buttato, quanto abiti ho dimesso... nulla è indispensabile e tutto posso cambiare o scegliere diversamente. E neppure c'è una vera e propria libertà di azione: qualunque pensiero politico è sostenuto da una parte e attaccato dall'altro, qualunque ideologia ha proseliti e rivali, qualunque cosa ha estimatori e detrattori e a seconda di dove ci posizioniamo saremo attaccati o spalleggiati, derisi o confortati e questo influenza drammaticamente le scelte di ogni genere, persino quelle alimentari... poi nascono le intolleranze, le allergie, ma ci mancherebbe altro! La tristezza, la rabbia, il rammarico, i sensi di colpa, rimpianti e rimorsi, occasioni perse o:

"Se potessi tornare indietro..."

Sono tutti gravi sintomi del malessere generalizzato che non aiuta sicuramente a favorire il libero arbitrio nelle scelte personali. La pubblicità e il parere altrui ha troppa risonanza perché la nostra istintività possa interpretare le reali esigenze ed ecco che l'asse si sposta in una direzione diversa dal nostro vento interiore, camminiamo contromano, fuoristrada, deragliamo e ci sfasiamo, perdiamo i pezzi, la libertà, la capacità di amare e quindi anche quella, importantissima, di amarci...

Fare un laborioso cammino all'indietro per depurare la nostra quotidianità e un lavoro estremamente lungo e complesso, per questo è molto più semplice scorrere, (vd codice **8**) così facendo continuiamo a proseguire senza fermarci come accade nei momenti di depressione e lasciamo che i problemi, le cose, i fastidi, le noie, le difficoltà, le ansie in genere decantino e si depositino sul fondo, come ghiaia, sabbia, o melma...

Man mano che ci concediamo di scorrere viviamo, procediamo, avanziamo, lasciamo che gli eventi si realizzino e se è il caso li portiamo con noi altrimenti è sufficiente abbandonarli e la corrente li porterà altrove. Se siamo fermi come una palude, le nostre acque sono morte, prive di ossigeno, oscure e piene di alghe marcescenti, insetti, umidità, non accade nulla perché siamo nell'unità statica, c'è un indeterminato spreco di tempo e risorse senza nessuna costruttività e ogni volta che cerchiamo di abbandonare qualcosa o qualcuno resterebbe sempre lì, perché siamo nella dimensione immobile del fermo, dello stagno, pantano, acquitrino. Quando siamo in questo stato si accumulano le tensioni e le paure che si esaltano nelle forme ansiose e nelle paure in genere e quando l'energia accumulata diventa insostenibile si scarica pericolosamente o contro noi stessi o verso le persone vicine che potrebbero persino essere dei cari, nascono le reazioni aggressive, l'ira ingiustificata, l'alterazione, questo accade perché la diga crolla improvvisamente e non abbiamo più il controllo delle nostre *"acque"*.

Ma io scelgo di correre, scorrere, divenire, avanzare, progredire, baciare il cielo che mi avvolge, entrare nel sistema di vita palpitante che ruota progressivamente e si sviluppa, si riproduce, si ripete e si consolida lasciando erbe secche e pietre ingombranti nel tracciato percorso.

E così non solo non oppongo resistenza alle trame del destino, ma lascio divenire la mia storia nel modo migliore, lasciando le redini del gioco alle energie universali che bilanciano miliardi di stelle e corpi celesti...

Jack Canfield:
"E' la sensazione a creare veramente attrazione, non solo l'immagine o il pensiero. Molte persone credono che basti concepire pensieri positivi o visualizzarsi in possesso di ciò che vogliono avere, ma se lo fanno senza

sentirsi ricche, o senza provare gioia o amore, questo non è sufficiente per creare la forza dell'attrazione."

Parto ora per la parte più dolce del viaggio, mi lascio cullare dalle onde cosmiche che fluiscono luminose intorno a me, le sento, le vedo, mi attraversano nei momenti d'amore, navigo in loro e tengo vicino al mio cuore le sensazioni di gioia che sto per provare, per vivere, ora sono pronto per un pieno paradisiaco, per un banchetto divino, amplesso assoluto con le forze del bene e del bello, ora mi accingo a salire, elevarmi alle nobiltà astrali con tutto il mio corredo psicofisico, sono chiamato, invocato al trono degli dei che aspetta le anime in rinascita, sovraccariche di luce...

E' il passaggio tra il prima e il mentre, mi proietto qui, in queste parole, in queste righe, inizio un processo costruttivo di convivenza armonica con tutto, tutte le persone che hanno massaggiato il mio cammino, tutti i luoghi in cui ho respirato seminando tracce genetiche, tutte le cellule, le molecole, gli atomi, gli elettroni che sono chimicamente entrati nel mio corpo per alimentare il mio divenire.

E' un momento magico, prezioso, raro, è l'attimo in cui la chiave dorata esce dallo scrigno e passa nelle mie mani, la posso toccare, accarezzare, estrarre dal cofanetto di velluto rosso e impugnare come una scimitarra imperiale, che emozione, tutto sta per accadere, tutto sta per realizzarsi, tutto sta per cambiare, è l'attimo sì... quello stesso attimo incarnato in raffigurazioni mitologiche fin dalla notte dei tempi: il transito risolutivo, dal buio alla luce, dalle tenebre al nuovo giorno, dallo stadio larvale all'apertura della crisalide per rivelare la nuova vita.

Luce, bagliori accecanti, calore bianco e radioso, devo solamente scegliere il cavallo, il destriero dell'anima su cui volare, ascendere, decollare, un'astronave emozionale per solcare scie e rotte sconfinate, sì... è il momento di attraversare il varco di superficie e iniziare il nuovo, senza aspettative, fiducioso che il mio desiderio di amore incontrerà amore, che il mio bisogno di essere trovare il mio vivere, la mia ragione, la missione, il ruolo, il senso, la soluzione, il passepartout, il cardine, il carburante, il pilota automatico per dedicarmi solamente alla vita e non più ai pensieri del vivere.

Ho lasciato, riordinato, riposizionato tante cose, mantengo tutto, non scarico nulla: è l'universo che raccoglie il superfluo per canalizzarlo altrove, io devo solamente lasciarlo defluire nei canali scolmatori dell'alveo di smaltimento. Leggerezza, libertà...

le catene del passato ora si trasformano in bracciali dorati, le ombre brillano come giada orientale e i profumi di ambra e gelsomino diffondono essenze di primavera, vado, ora posso farlo, partire, non è un viaggio turistico con un'andata e un ritorno, è una ripartenza, **è la rinascita!**

Solo andata, senza fine, non è previsto un traguardo ma solamente un vivere, giorno per giorno accumulando gioia e amore, il codice numero quattordici raffigura questo passaggio meraviglioso che rappresenta l'attimo della seconda vita, dalla madre al mondo e dal mondo all'universo, al padre comune sovrano dello spazio, delle forze, del tutto.

14

Prendi la chiave dorata e apriti alla rinascita.

La sento, profumo di metallo che intiepidisce nel mio palmo, energia dell'oro, venature intarsiate, forgiata nell'alchemico crogiolo del mio "IO", quello che mi chiama da sempre a esistere anziché resistere, salire anziché discendere, ammiro i riflessi che il sole incandescente propaga come frammenti di perla, scia di comete, polvere di amore...

Sento come cambia la musica dentro il mio spazio di risonanza, è una variazione di tono, frequenza, significativa di un cambio epocale, nulla sarà più come prima e le pareti riflettono diversamente il rumore dei miei passi, sembrano ciglia di un angelo, battito e fremito silenzioso, morbide piume, petali di camelia, le braccia di quel gabbiano che tante volte seguivo malinconico e impotente ora sono le mie ali, posso lanciarmi verso la rupe, sulla scogliera, sì... inseguire l'orizzonte infuocato, il punto di fuga...

Spingimi nel vento caldo del mattino, portami nell'aura che partorisce segmenti temporali, frazioni geologiche, piccolissime gocce di rugiada, mi disseto fonte nella fonte e divengo parte delle sorgenti primordiali, tutto e nulla, questo è il senso meraviglioso dell'universo, questa è la dimensione magica dell'infinito...

Cambiare: stile, atteggiamento, posizione mentale, logaritmo spirituale, cambiare il senso delle cose, il punto di vista, il modo di vedere, tradurre, leggere, ascoltare. Modificare, trasformare, mutare, convertire, variare le numerose possibilità, incastonare gemme diverse in variabili diverse, questa è ora la mia libertà d'azione, il mio potere, il rinascimento interiore, è una corrente energetica elevatissima e posso certamente indirizzarla ai miei migliori obiettivi, alle progettazioni più elevate, al futuro che attende fiducioso il mio cammino.

E' ora di spostare la visuale, accorgermi che intorno a me ci sono degli assi di prospettiva estremamente ampi e versatili, ora che ho coltivato fiori sotto forma di sogni, ora che ho seminato erbe aromatiche sotto forma di desideri, tutto può compiersi e il nulla è solo il principio di questa globale possibilità.

Strade, sentieri, rotte spaziali, la marina e l'aeronautica, i paesi e le città, le correnti ascensionali e l'intera storia di questa strana umanità che racconta e tramanda guerre, genocidi, barbarie, conquiste e decadenza, ora ricorderà le gesta di un conquistatore dei grandi spazi emotivi: la chiave può finalmente sbloccare tutte quelle anime bloccate, chiuse, soffocate e represse dalla frustrazione di una vita dimessa, irrealizzate e sofferenti stavano aspettando la liberazione.

Ecco la mia, la nostra missione, ecco il ruolo che identifica il nostro codice di rinascita, l'attimo in cui usciamo dal guscio per assumere forma, il momento della trasformazione da "qualunque" ad "io". Un passaggio dall'anonimato al protagonismo di me stesso, dall'ombra alla visuale di luce, una volta liberato lo spazio occupato da infinite ed inutili macerie, automaticamente tutto si converte costruttivamente in melodiche realtà esistenziali, reali, le tocco ora, le sento, le ascolto a piene mani, posso camminare con un nuovo senso di presenza, a testa alta, incoronato da questa ricchezza conquistata con la fiducia nelle voci della mia anima.

Ascoltarsi spesso è difficile eppure è la cosa più semplice: io sono la persona che meglio è in grado di capirmi, dialogare, mi conosco, so tutto di me, non devo manipolarmi, non devo corteggiarmi perché sono già me stesso, ho tutto in me eppure quante volte ho dovuto ascoltare la voce altrui… quante luci ho lasciato si spegnessero per ascoltare false guide, per adeguarmi, per timore di combattere, per amicizia o presunto e deserto amore? Ecco che sta per maturare un codice importantissimo, un elemento preziosissimo di massima valenza nella tavola degli elementi: il dialogo interiore e il posizionamento di tutte le persone, le cose, i luoghi della nostra vita.

Tutto si deve riordinare velocemente nel momento in cui scegliamo di dare la priorità alla nostra voce interiore, quella che ha già trascorso milioni di anni in forme diverse tra loro, è mio dovere oggi continuare questo percorso evolutivo al meglio che mi sia possibile e tutti mi devono seguire perché l'umanità deve crescere, che senso ha regredire? Che scopo potrebbe esserci nell'alterare la nostra natura per rincorrere volumi indefiniti di cose inutili, finta cultura, artisti del brutto e dell'ignoranza, poeti sottosviluppati, scrittori primitivi che sperperano parole su carta o addirittura su tastiera digitale mentre il loro livello evolutivo è ancora fermo all'età della pietra?!?

E' evidente che siamo infestati da anime che approfittano delle nostre debolezze per incunearsi e imporre la propria distorta visione delle cose ma uno dei nostri primissimi obiettivi sarà proprio quello di riposizionare i principi della logica, dell'estetica e della giustizia, della bellezza e della cultura. E' fantastico sentire questi raggi caldi che illuminano la mia coscienza: tutti devono raccogliere il privilegio straordinarie di esistere! Tutti hanno il diritto di essere attori protagonisti e non solo comparse secondarie, tutti registi, tutti presidenti, tutti campioni, tutti eroici conquistatori dello spazio, dell'infinito e dell'eternità...

Ora io, tu, lui, noi, loro, ora tutti gli umani, tutte le pietre, tutti gli arcobaleni, tutte le nuvole, ogni animale e ogni spora vegetale, ogni roccia, gli oceani e i ghiacciai, le one e tutti i fondali marini e lacustri, fluviali e i vulcani, ora tutte le forze, tutte le forme di vite, insetti e delfini, pantere e formiche tutti... tutti... entriamo in un nuovo, diverso regime delle cose, una dimensione ad alta definizione, governata dall'ordine e dalla perfezione, dalla libertà espressiva e da quella caratteriale, ora diamo inizio ad un nuovo seguito perché io, tu, noi, voi, loro, perché tutti vogliono rinascere, amano farlo, sentono che va fatto, deve accadere, è la nostra nuova alba, il seguito assolutamente naturale del nostro ultimo tramonto.
Sono caduto nel buio perché i raggi si erano dissolti nella sera, ho seguito le stelle e la notte era lunga, era fredda, ma mi consentiva di farmi guidare dal cielo, abbronzandomi di luna... i passi della notte sono brevi e silenziosi, a volte le mani annaspano nell'oscurità in cerca di

presenze, sicurezze, appigli o riferimenti ma non è regola, non è scontato che ci sia qualcuno a donarci luce o direzione.

L'unica certezza è che per quanto lunga sia stata la notte ora sono pronto per risorgere ed ecco il codice di questo momento magico e straordinariamente carico di energia e colori:

15

Più lunga è stata la notte oscura e più luminoso sarà il caldo sole del mattino.

E' questo il premio che mi aspetta, è questo il trofeo che viene con segnato a tutti coloro che si risvegliano dal sonno. Era solamente una notte del cuore, un buio emozionale, un momento di difesa in cui mi sono rifugiato da tutto e da tutti, proteggendo persino i miei sogni dall'attacco degli incubi distruttivi... sono fasi necessarie così come è necessario che ogni sera il sole tramonti, tutto qui.

Ci sono periodi nel corso dell'anno in cui il giorno è più lungo della notte, altri in cui è più breve e lo accettiamo, questo, come normale decorso del tempo, delle stagioni. In alcune zone del pianeta la notte può durare mesi, ma provo a immaginare quanto splendido sarà il ritorno del sole in queste terre gelide!

Se vengo da un periodo "nero" particolarmente lungo, se ho attraversato difficoltà particolarmente ostiche, dure e dolorose, l'unica certezza è che il premio della mia rinascita sarà una gioia ancor più grande.

E' tutto qui.

Ogni istante di tormento ha in sé la straordinaria soddisfazione che consegue una volta superato, ma ora non è neanche più il momento di voltarmi, guardare indietro, non ce n'è più bisogno, ho differenziato, congelato, decantato tutto ciò che riguardava il mio passato, ora faccio un salto temporale, esco dai vicoli sovraimpressi nella mia memoria, varco l'uscita del labirinto e dimentico cosa sia stato, cosa sia successo, cosa sia accaduto. Passaggio topico dal prima all'ora, dallo ieri all'adesso, ore, minuti, corro verso me stesso, mi cerco, mi trovo riflesso nello specchio della mia anima, vedo i miei occhi, ci sento, posso toccare, sfiorare, si avvicina e lo sfioro... è vivo, coerente, consapevole, partecipe del momento in cui mi collego all'istante simultaneo, entro nella contemporaneità, nell'attimo presente, transazione magica per vivere senza condizionamento, senza pesi, senza obblighi né doveri, senza rimorsi né tentazioni, senza giudizio né condanna. Cosa importa ora quello che si pensava di me? E' un problema di chi lo rimuginava, non certo mio che sto aderente al mio essere, al mio esistere, che sto adesso qui in me e non nelle farneticanti cornici di chi deve etichettare, sondare, soppesare, valutare e quantificare tutto e tutti. Non sono una moneta, neppure una cambiale, un gioiello, un quadro di valore, no... non valgo nulla, non sono convertibile in valute pregiate e non posso neppure essere tosato per ricavare lane merinos o sezionato per ricavare avorio dalle mie zanne o trofei dalle mie corna. Io vado, verso il transito meraviglioso che mi proietta infinite possibilità creative, infinito raggio d'azione e strade, percorsi, direzioni a 360 gradi.

Restino nel loro vicolo cieco, incastrati dalla segnaletica occulta che trasforma ogni gioia della vita in un semaforo pilotato da altri: io non mi inganno con il tuttocittà che mi conduce nella strada senza uscita o sullo sterrato di periferia. NO!

Mi sono isolato per lavorare sul mio spirito, ho rimodellato il mio carattere e il mio agire, ho analizzato le mie emozioni, il passato in termini conoscitivi ed espressivi, ho catalogato tutte le persone incontrate dalla mia nascita sino ad oggi e la cosa veramente straordinaria è che così facendo riesco immediatamente a collocare tutti in un ruolo, una casella perfettamente definita, precisa, accurata!
Tutto si riposiziona e acquista un senso, lo chiamano il senso della vita, forse per

alcuni è il senso delle cose ma cosa importa? Una volta collegati insieme alcuni elementi, episodi, persone, è semplicissimo tracciare una linea che collega tutto in un unico disegno, ecco come nasce il progetto di vita, ecco come sia possibile nascere in una nuova forma espressiva, non c'è bisogno di spegnermi, morire, crocifiggermi, ora non devo neppure scendere in piazza o arrampicarmi sulle gru per trasmettere il mio vangelo: semplicemente non mi importa nulla, la mia missione si concretizza nel momento in cui do' un senso al tutto, poi saranno altri a dare significato alla loro vita, alle loro educazione, infanzia, crescita, giovinezza, maturazione... quando i punti del tracciato scoprono il nesso per collegarsi poi tutto, ma veramente TUTTO come per incanto si collega!

Non sono e non sarò l'unico profeta, anche tu, loro, tutti possono, tutti DEVONO risorgere, rinascere, ri-esistere!

TUTTI ! ! !

E sento che proprio così andranno le cose, il fiume dialoga ancora e mi illumina, le acque scorrono, la superficie è limpida e il raschio dorato riflette raggi e scintille di luce: anime indomite cavalcano selvatiche in una foresta senza fine, è ora di liberarle, aiutarle, prenderle per mano, guidarle, le loro grida sono ululati feroci, lacrime di sangue che vanno prosciugate, ripulite, convertite e trasformate in sorrisi ed abbracci, bacio, stringo, scaldo il mio cuore e idealmente raccolgo queste forme involute che non vogliono evolvere, o non possono, non riescono... sono sbarrate da qualche schema primitivo, disadattate, alcune fuggono dalle proprie responsabilità, altre si rintanano in forme di difesa infantile ma poco importa, è la somma delle paure a bloccarle laggiù, in cunicoli umidi dove ristagnano da sempre, non vedono l'uscita e galleggiano nel pozzo, cercano benedizione e trovano solamente i loro capricci, desideri bizzarri privi di ragione, si accalcano alle porte del nulla e si convincono di avanzare, ma il nulla porta nel nulla e nel nulla rimangono...

Ora ho una bacchetta magica, estremamente potente, carica di una energia nuova e inesauribile, rinascere significa soprattutto tornare ad amarmi, amarsi, amare il mondo! E l'amore non concede sconti, non è in offerta speciale non c'è il 3x2 o la promozione estiva, non si salda e non si svende, non si spedisce, non si acquista: perché è ovunque, gratis e per chiunque.

Basta vederlo, eliminando i trucioli del passato, dissolvendo le ombre e le paure, facendo gradino dopo gradino il cammino in salita per uscire dal sepolcro interiore, calcificare le lacrime. Pensano cose, si ottenebrano così, diffondendo pensieri su pensieri e considerazioni su riflessioni, su espressioni e su ritornelli senza fine, avvitati in questo gorgo si deprimono e si soccorrono tra loro, cercano luce, speranza, amore, cercano appigli ma franano perché la stabilità di una riva dipende non dalla dimensione dell'argine, ma da quanto sia tranquillo lo scorrere delle acque.

Loro no, lavorano sulla riva accatastando ghiaia, fango, detriti e polveri, si intestardiscono a costruire fuori dal proprio cuore per paura di ferirsi e non capiscono quanta forza ci sia nell'amore perché credono ancora nelle ricette alternative.

Compensano, bilanciano, ignorano, per non affrontare la più semplice realtà studiano altrove e escono completamente dal seminato, dal giardino dell'amore.

Ora io posso dare a tutti, a tutte, a ognuno e a chiunque quella forza, quella luce e quel sostegno che consente di uscire dai meandri sotterranei, è una mano, è una torcia luminosa che indica la via, lampeggia, oscilla tra le mie mani ed ecco i miei raggi fare albori tra le brume del mattino, ecco i colori rosati e pallidi dipingere acquerelli e nuvole, pastelli e fiori, sale, rinasce, risorge... e tutti si scaldano uscendo di casa, osservando a braccia protese questo miracolo quotidiano...

Alba di un nuovo giorno, quiete dopo la tempesta, venite, c'è un arcobaleno per tutti, i colori della vita, della gioia, dell'amore sono dipinti ovunque per ciascuno di noi, non pensate più ai momenti grigi, scuri, al buio, lo so che è stata lunga, dura e difficile ma ora è il tempo dell'esistere, del vivere e va ascoltato come un momento di qualità e valenza assoluta, valore inestimabile, pregiatissimo istante magico e fatato, perfettamente calibrato, di resurrezione nel battito d'ali delle bianche colombe di primavera.

Rinascere significa portare in sé il grande dono della primavera, la forza e l'energia dei colori e dei profumi di vita, avere petali e venature, corolle d'amore e tutto è pronto in me, in noi, a sbocciare, germogliare, dischiudersi, spuntare.

Devo prepararmi, racchiudermi nel mio guscio per raccogliere i suoni del grande silenzio, approntare la mia anima ad un passo divino simile al banchetto nuziale, matrimonio coerente tra le sinergie della mia vita, ci sono, ci siamo, ci sarò, ci saremo, ci saranno tutti...

Dobbiamo farcela, dobbiamo esserci, liberarci e sgomberare il cammino da tutto questo inquinamento esistenziale e non solo ambientale: le menti che governano senza cuore devono acquisire lo scettro della coscienza e regnare con amore e non più sempre e solamente per il ladrocinio e la razzia del denaro comune e dei beni nazionali!

Non basta, non mi è sufficiente travasare il mio vivere in un universo superiore, non mi soddisfa, voglio che le energie dei miei desideri si incontrino con i sogni di benessere della popolazione mondiale, **voglio la rivolta dell'amore**, una strage di cuori congiunti in una immensa catena dorata dove, anello per anello, tutti si uniscono in un solo paese, liberi da frontiere e da confini, una sola superficie terrestre di una sola umanità.

Accadrà sicuramente in un futuro forse non lontano, qualche decennio ancora ma io posso anticipare, premonire, prevedere... e così facendo anticipo i tempi perché diffondo e propago il mio pensiero creatore. E se tutti si uniscono a questo pensiero, il divenire sarà più rapido, le energie potranno convogliarsi e confluire più rapidamente, in fondo tutti, certamente, sognano che questo accada, che la comunione sia universale, che l'amore sia l'unica legge del pianeta, che spariscano armi, malaffari, delinquenza, prepotenza, prevaricazione, violenza... è utopistico vero? Pensare queste cose viene associato all'impossibile, al sogno irrealizzabile, al "sarebbe bello"... "magari"... E che senso ha allora? Ogni miliardo di umani ci saranno sì e no 25/30 individui che non sarebbero d'accordo e preferiscono rubare, sfruttare, lottare per l'egemonia ed il potere, costruire e progettare armi sempre più potenti e sofisticate per avere sempre più ricchezza da spalmare sui propri conti nei vari paradisi fiscali... Oggi è un po' tutto il sistema che consente questo tipo di andamento delle cose, i giochini tra le banche, le leggi di comodo, gli interessi a vantaggio solo ed esclusivamente di quei pochissimi potenti che calpestano con estrema voracità e deprimente degrado i diritti e le logiche di tutta l'umanità mondiale, loro esclusi...

I vantaggi personali, l'egoismo, accumulare beni, tesori, pezzi di metallo, vetrini colorati, opere d'arte, delitti e menefreghismo, conquista, distruzione... nessuno può desiderare queste cose se non pochi malati egocentrici e paranoidi: la smettiamo di votare classi politiche e pagliacci incravattati che si alleano per creare sotterfugi ed espedienti, inganni e stratagemmi per rubare legalmente? Essere bravi nello sfruttare cavilli e leggi non significa essere onesti! Ma se noi possiamo cambiare e rinascere, allora anche tutto il mondo potrà rinascere e non ci sarà nessuna guerra, nessuna rivolta, nessuna rivoluzione, semplicemente si apriranno le finestre e tutti guarderanno il cielo, tutti avranno la capacità di dialogare con le nuvole e congiungersi in fratellanza solare, lunare, stellare, tutti ma proprio tutti, altro che razzismo, pirati e no global, soldati e spacciatori, trafficanti e truffatori, speculatori e mistificatori... si deve spegnere questo maledetto circuito accentrante che dalla notte dei tempi semina morte e recessione, **siamo qui per vivere e amare, non per colonizzare o distruggere.**

E' evidente, palese, ovvio, logico, normale e semplice, chiaro e scontato, ma avviene il contrario! Non va bene!

NON VA BENE!!!

E lo sanno tutti ma nessuno reagisce, qualcuno tira una pietra, quell'altro va in giro con il fischietto... Ma DAI !!! Sveglia per favore, sveglia!!!

Ma sveglia!!!

Alziamoci, popolazione risorgente, usciamɔ a testa alta, fieri della nostra trasparenza, del nostro desiderio di unione, scendiamo, saliamo, propaghiamoci a cantare, correre e giocare, laddove combattono portiamo note musicali e cioccolato, zucchero filato, mele caramellate, dolci fantasie per dissolvere nel nulla l'energia malvagia di queste orde barbariche, unni del XXI secolo che devastano l'aria, il clima e le acque, la terra e le sorgenti, le foreste e le campagne con la loro sete di aridità.

Vanno fermati, disinnescati, spenti, disattivati e via via i confini tra le nazioni vanno rimossi, ma quale indipendenza? Ma

che senso ha? Autonomia? Riconoscimento di cosa?
Della diversità, della disuguaglianza, della disparità e dissomiglianza?

L'unica lotta giustificata e legittima agli occhi dell'Universo è per l'unificazione, l'uguaglianza, la parità, l'equilibrio, la distribuzione, il livellamento, la tutela ambientale e la propagazione di onde benevole di pace, amore, benessere; dalle campane tibetane giungeranno suoni e vibrazioni riflessi sulle pareti dei grandi templi di montagna, risuoneranno gli altopiani e tutto avrà principio, si scioglieranno le barriere e le armi saranno cenere... la vita, il vivere, il vivere la vita saranno le uniche fonti eternamente rinnovabili di energia infinita, zero inquinamento, zero dittature, cadranno le corone e le presidenze, deve cadere questo ridicolo circo dei poteri, questa giostra dannosa che produce ruggine ossidando i canali di distribuzione della conoscenza e dell'evoluzione.

Si parla di progresso ma nulla giustifica la distruzione del territorio, è una umanità stupida quella che sta creando centrali e strutture fuori controllo che tra qualche decennio saranno cimiteri radioattivi, quella che trasporta avanti e indietro oceani di petrolio disperso puntualmente sulle barriere coralline o nei paradisi veri, ma come può un uomo sano di mente rischiare di demolire le più grandi risorse di vita per riempire di numerini il proprio conto corrente? Accade ogni giorno in migliaia e migliaia di luoghi, il pianeta deve vivere! Il pianeta deve reagire! Altro che tsurami! L'esercito dell'amore è l'unico che può riposizionare la storia dell'uomo affinché ci sia un domani e non saranno altri a farlo, ma io, tu, noi, loro, tutti noi, contemporanei di questa attualità...

Così, adagiato morbido sulle rive di un torrente di primavera, si dischiudono i miei pensieri e le mie emozioni, germogliano, si preparano all'attimo solenne che vale un matrimonio intero con la comunità mondiale dell'amore, il principio della vita, quella nuova, quella reale e propositiva in cui materializzerò quelli che una volta chiamavo "sogni", poi "progetti"... ora non hanno nome, semplicemente li vivo...

La simbologia della primavera è da sempre binomio di rinascita, persino la religione tradizionale ha associato il momento del risveglio con il concetto di resurrezione, non scopro nulla, non invento nulla, devo solamente respirare, ossigenare, catalizzare la luce, aprire le braccia e accogliere il caldo sole.

Quando trasfondo i pensieri antiche nelle note di colore di una suggestione temporale, il mio sangue è linfa attiva che propone forze nuove, creo nascere, nascite, divento polvere di propoli per le energie che materializzano i desideri.
Il mondo intero attende il risveglio, tutti perfettamente sincronizzati con il ciclo

biologico di fine inverno: ora come frecce di rondine possiamo rientrare alla terra del nostro cuore e aprire, spaziare, raccogliere, fiorire...

Eccolo il prossimo, amabile e coloratissimo codice, ecco lo step che mi trasforma, mi eleva dal suolo al cielo alla ricerca di aria, venature e sepali, apro lentamente il bocciolo, sono rosso, vivo, infiammabile, incandescente, brucio di voglia, passione, desideri non colmabili perché la sazietà è la virtù delle anime spente... NO! Fiamme nell'anima per ardere di amore longitudinale, trasversale, perpendicolare, gocce di lacrima che si prosciugheranno per sempre dopo aver dato vita a quel seme dimenticato, al bulbo dei progetti di vita che ora passano dalla dimensione del nulla a quella dell'essere.

16

Ora io sono, divento primavera e la rinascita avviene in me, esco dal terreno per sbocciare, preparandomi a fiorire.

Credo sia l'attesa più bella che posso concepire, una specie di sala parto di quei sogni che una volta restavano pensiero, rammarico, irrealizzati, incompiuti, apparentemente irraggiungibili... invece erano già in me, c'era già tutto, perfettamente e completamente pronto alluso non dovevo crescere ma sgomberare, non dovevo maturare ma regredire al mio seme di origine, ripulirlo dalle scorie, purificarlo, sintetizzarlo, raccoglierlo tra le mani e baciarlo con le labbra, fecondarlo con l'amore per il mio spirito ferito da curare, risolvere, evolvere. Accade regolarmente intorno a noi, un po' meno frequente dentro la nostra introspezione: niente di male perché ora so, sappiamo, sapete che può accadere e quando acquisisco la consapevolezza che la primavera esiste, posso procreare, rigenerare, rivitalizzare in me qualunque forma di delusione antica.

NON C'E' PIU' IL RIMPIANTO ORA, MA IL FASCINO DI REALIZZARE OGNI SOGNO PROIBITO

Non è FANTASTICO?

No, d'accordo, è fantasticissimissimissimo!

E' un po' come avere tutti i materiali necessari alla realizzazione di un vaso artistico: il tornio, l'argilla umida, la fornace e le decorazioni, i colori da pennellare e il manico, il coperchio, il beccuccio, l'invaso, ho tutto e posso creare, ora, preparare e modellare dando forma, questa è la cosa fantastica, dare forma, concretizzare, prendere la creta e modellare, tutto si fonde e si confonde, si unifica, si diffonde... fantastico assolutamerte, materializzare e rendere tangibili i miei desideri, eccoli, colorati d'amore stanno prendendo forma, vita, scendono dal cielo, salgono dal terreno, si unisce il prima al dopo, il lontano con il vicino, acque che si aprono e si chiudono, armonie musicali, melodie climatiche...

Quando voglio materializzare un sogno, ora, devo solamente sfruttare questo codice, ogni cosa svelata, ogni segreto decodificato diventa pass di accesso al divenire, un tesoro più prezioso di qualunque pietra, un gioiello di luce chiara e ricca di riverberi, sfaccettature, come se la mia anima fosse un prisma multiforme che rifrange le onde elettromagnetiche scomponendole in germogli di arcobaleno; come posso pensare ad un potere più grande, una gioia più dolce, un traguardo più nobile ed elegante... ?

Magia, incantesimo celeste, il deserto polare ritrova le correnti geologiche della vita, calore e poesia, ponte naturale tra il pensiero e l'azione.

Traduzione simultanea.

Pensiero Creatore.

Potere della mente, dell'amore, potere superiore, ideatore e procreatore, potere inventore, autorizzazione a progettare e realizzare, scoprire, scartare, raccogliere ogni minima briciola del creato per farne meravigliose architetture... mischiare le cose senza più bisogno di distinguere l'esteriore dall'interiore, amalgamare, fondere tutto, questo è liberarsi dagli schemi, aprire nuove frontiere ideologiche, impazzire di gioia, di piacere, desiderio, felicità, divertimento, colare allegria espansiva e contagiare le onde cosmiche, i segnali radio con la mia risonanza emotiva, self service gratuito a cui chiunque ora può attingere per infettarsi d'amore, ammorbarsi, bruciate insieme a me, paladini della gloria, cavalieri del magico regno di cristallo, figli di una terra selvatica e fertile, noi abbiamo questo immenso potere, entriamo, usciamo, non abbiamo più bisogno di chiavi perché non ci sono porte ma solamente spazio prosciolto dalle gabbie sociali, dalle prigioni culturali, dai tranelli ideologici, dalle trappole del giudizio, della valutazione e della quantificazione.

Ci sono una infinità di anime che passano anni, lustri e decenni a discernere in modo estremamente buffo e plateale sul giusto e sull'ingiusto, sul bene e sul male, sul buono o sul cattivo... ma da dove vengono? In che caverna risiedono?

Io mi apro al cielo e dialogo con le stelle, spalanco le braccia e non devo pensare ma solo sentire, a cosa servono le risposte quando eviteremo di farci inutili domande? C'è bisogno del codice civile per decidere? C'è bisogno di un libro, un manuale, una legge? Ma il cuore non lo ascolta proprio nessuno?

Io, noi, loro, tutti lo faranno! Il cuore passerà davanti alla mente, insegneranno a scuola, sui banchi, la dottrina dell'amore sarà la corrente di pensiero del domani e, spero, per sempre... Esercizi per non pensare, allenamento ad ascoltare e percepire, palestre emotive, fino a dimenticare, seppellire la parola guerra così come noi oggi abbiamo dimenticato la parola clava, la parola tribù e nessuno di noi scrive più sulla pietra scalpellando geroglifici.

Verrà il giorno dell'amore, l'era della pace, l'arco temporale in cui la vita sarà solamente vivere, non è lontano, magari qualche decina di anni, ma se anche fossero migliaia poco cambia...

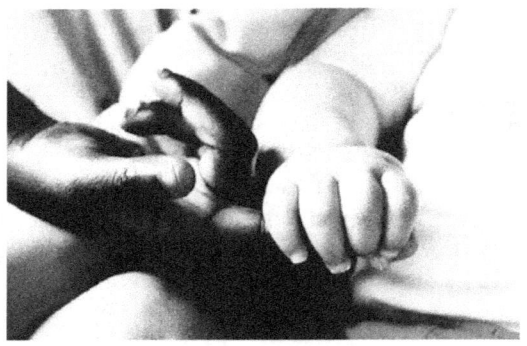

Nelle spire dell'eternità il tempo è solo un concetto per dare una unità al prima, al mentre e al poi, manca poco, pochissimo, tanto vale anticipare lo scorrere degli eventi e prepararci, no...?

In tutto c'è un pioniere, degli esploratori in avanscoperta, non sono il primo, io seguo sole le orme di chi ha tracciato il sentiero, è una pista riservata, un percorso invisibile ma presto sarà un'autostrada, una terra, un paese, un continente, un pianeta, il nostro,

è sicuro che sarà così... io voglio, desidero
e sogno che sia così...

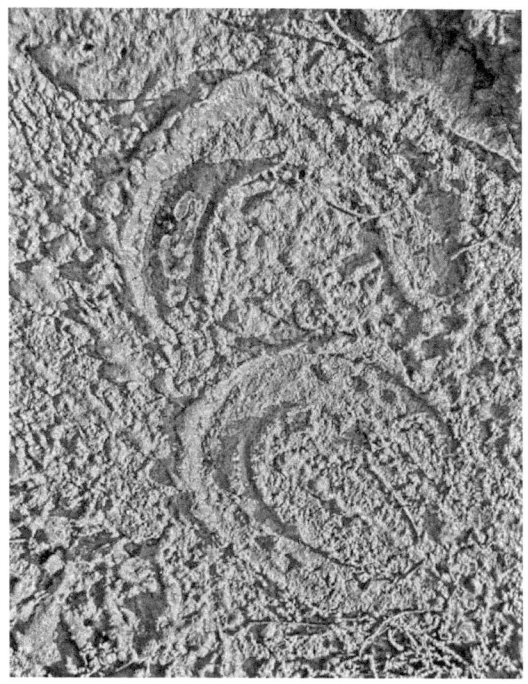

E il mio pensiero conta, vale, i miei desideri
li perseguo, li conseguo, i miei progetti li
realizzo e li finalizzo, i miei sogni li
materializzo e li concretizzo.

Per cui affermo con assoluta certezza che un giorno ci sarà solo l'amore come unica forza governante a guidare il mondo e gli abitanti stessi, quel giorno non è lontano e non ho bisogno di un nobel per la pace né di statuette celebrative o medaglie commemorative, meno che mai l'autorizzazione di qualche presunto saputello al potere o di qualche ecclesiastico di alto livello: le persone posizionate e altolocate sono per natura stessa infimi arrivisti, sgomitatori che hanno calpestato altri simili per imporsi. Al potere ci va chi ha sete di potere, ecco perché le persone con una coscienza, quelli con valori familiari e spirituali, affettivi e spontanei non vanno al governo. Ci va chi ama dirigere, manipolare, intortare sotterfugi per immergere nelle acque sporche del proprio conto corrente tutto ciò che può fare il proprio interesse, favori, raccomandazioni, ricompense, piccole e grandi tangenti, lo posso scrivere, garantire, sottoscrivere e certificare: chi va al governo non è una persona onesta! E non mi interessa dimostrarlo, io non sto al gioco delle carte, al circo della critica e degli inganni, espedienti, falsità, frodi e raggiri per manipolare la comunicazione, a me non importa nulla del mio indice di gradimento, devo piacere a me stesso e stare bene con me stesso, devo riflettermi solo con la mia coscienza e così come non riconosco a nessuno il diritto di giudicarmi o governarmi, allo stesso modo non intendo avere nessuno al mio servizio e meno che mai impormi, espormi, propormi, pretendere, chiedere, esigere, volere, arrogare o reclamare.

Quante volte sento una persona definirsi libera... no! Vedo per la maggior parte schiavi di un sistema concatenato in cui ognuno è un anello rigidamente chiuso in uno schema non reversibile: una vita di impegni e sforzi, denaro e studi per entrare in un regime di schiavitù convinti di avere autonomia, decisionalità, indipendenza, autosufficienza, sovranità, ma è tutto una chimerica frottola dettata dai cantastorie al comando, tutto una recita in cui ogni parola viene dettata solamente dal calcolo della resa, opinion leader, boss, presidente, capo, padrone... ma dove siamo, dove? Al canile o al porcile?

"Mi chiedo dove stia la fregatura..."

Semplice, nella diffidenza che vive in te... ma è veramente normale che quando pensi queste cose poi troverai la fregatura, ma a scuola non ti hanno insegnato nulla? Ah già... dimenticavo che hai imparato a memoria la Cavallina Storna e la Donzelletta vien dalla campagna... fondamentale per il tuo sviluppo nel 2012.

Lo so, non te l'hanno insegnato perché gli insegnanti sono maestri didattici e non certo maestri di vita, d'altra parte non esiste la materia "Scuola di vita" e così ci vogliono 30/40/50 anni se non secoli a scoprire le bollicine dell'acqua calda!
Il dubbio equivale alla sfiducia, ma tutto questo è un calcolo interiore! Il cuore non è una banca che deve fare calcoli o percentuali di interesse: il cuore conosce un solo esclusivo interesse, quello dell'amore! Non c'è attivo o passivo, scoperto di conto o castelletto, fido e neppure bonifici: **NO!** Ci sono, al limite, **benefici** ma solo quando accettiamo di **vivere in rosso,** nella calda luce naturale, senza paura, senza timore, senza insicurezze, indecisioni, perplessità,

titubanze, tentennamenti, oscillazioni, vacillamenti, esitazioni.

E' semplicissimo ed è il codice numero

16

Vivere in rosso

Tutto quello che mi porto dentro non fa che causare continui effetti nel mio vivere, ecco la staticità esistenziale, il ripetersi degli eventi, ecco le frasi fatte e scontate, trite e ultratrite tipo:

"Gli uomini sono tutti uguali"

o la sua versione bis:

"Le donne sono tutte uguali"

Ovvio: se le cerchi sempre allo stesso modo e con lo stesso pregiudizio avrai sempre lo stesso risultato! Loro sono chiaramente, ovviamente e certamente sempre diversi, quello che è uguale sei TU!

Càmbiati e cambierà il mondo intorno a te, ma non perché sei un mago che trasforma le cose, ma come per magia ti sembreranno diverse, tutto qui.

Cercavo la felicità.. e dove altrimenti pensavo di trovarla se non dentro di me?

Cercavo la ricchezza... e dove pensavo che stesse, forse dentro il caveau del Vaticano?

O in una ridicola stanza blindata che custodisce pezzettini di carta colorata e tondini metallici?

Cercavo l'amore... e dove credevo di trovarlo? In farmacia? In edicola?

E' già tutto programmato nella perfezione di origine, tutto... e passeremo la vita intera a volte annaspando nel buio, soffocati da tentacoli e tentazioni: la mela avvelenata dell'eden adamico non è altro che una metafora generalizzata di tutte quelle deformazioni che ci alterano allontanandoci dal progetto di origine. Ecco perché i bambini delle capanne africane sorridono, ecco perché nello sguardo di un marinaio nordico posso raccogliere la percezione profonda del vero infinito.

Ed ecco infine perché i nostri politici malati di avidità hanno lo sguardo infido di un maiale perverso e gonfio di falsità. Le nostre percezioni non ingannano mai!
MAI!
Quello che sentiamo è stato procreato per trasmetterci precisi segnali, lo chiamiamo sesto senso, diciamo che non esiste, farnetichiamo di cose assurde come il conto corrente, il codice fiscale, il certificato di residenza e il libretto tv, riusciamo a concepire un mondo in cui i

paparazzi fanno a gara per sputtanare persone arricchite e poterle ricattare ovvero darle in pasto al volgo che le denigra beffardamente ma dietro a tutto questo c'è la pochezza di un vuoto che scientificamente è identico al buco nero, all'antimateria. Ci sono anime così involute che nascono e vivono ancora con il seme del comando, del potere, della guerra e della conquista laddove l'unica conquista che posso ottenere in un percorso logico evolutivo è quella della pace e della serenità.

Non esiste nessun benessere economico ma solamente quello interiore. però il sistema ti carica di bollette, automobili, benzina che costa l'impossibile, denaro per il frumento, denaro per lo zucchero e denaro per il pomodoro, la zucchina, la cipolla... frutti gratuiti del creato vengono barattati con dei numeri! Ma che sistema meraviglioso, geniale e intelligente! Eccola l'evoluzione!

Ma secondo voi una scimmia è così cretina da scambiare la sua banana con la cartolina di Giuseppe Verdi con scritto sopra 1.000 lire? Ma quella ti fa il gesto e dell'ombrello e scappa altrove con la sua libertà!

Ma secondo voi quel topo tanti disprezzato e combattuto con veleni e disinfestanti vari è così imbecille da barattare una crosta di formaggio con il dischetto da 50 centesimi di dollaro?

Non credo proprio e posso affermarlo con assoluta e scientifica certezza:

NO!

Anche in questo caso è tutto così ovvio che sembra veramente di parlare di cappuccini e brioches, pastasciutta al pesto, penne all'amatriciana o broccoletti al vapore... invece qui stanno i codici segreti per sbloccare meccanismi così arrugginiti ed ossidati in noi che spesso non basta una vita intera per disincagliarci e districarci nei meandri della ripetitività e della ostinata mancanza di fiducia nel destino.

"Siccome la mia ultima relazione mi ha ferito, la prossima volta   starò attento a non ferirmi" equivale a rapportarmi con la prossima persona in modo estremamente prevenuto e diffidente, tale per cui ci sarà sempre tensione e superficialità, non avrà la possibilità di esprimersi e non avrò io la serenità per aprirmi, sarà una partita giocata in difesa, all'attacco o non giocata per nulla!

Il trucco è giocare per giocare, come un gioco infantile, con la coscienza e la serenità d'animo che avevo a 6-7 anni quando credevo ciecamente in tante cose poi dimenticate, ma non per questo sepolte. La paura, la delusione, il dolore creando corazze e schermi, maschere di pietra, scudi e mura che porteremo a volte per tutta la vita: per rimuoverli occorrono anni di ricerche interiori, specialisti e a volte persone incontrate anche casualmente che ci danno la chiave del passaggio successivo... Bhe io le ho raccolte queste chiavi e le sto distribuendo una dietro l'altra, qui in queste pagine ma volete un nuovo segreto? Questi codici in realtà non sono rigidi, unici, necessariamente sequenziali o indeformabili: sono liberi, aperti, una specie di software open-source che può essere riscritto, reinterpretato, modificato, migliorato da chiunque. Io non ho fatto altro che raccoglierli, ordinarli, ma è stato un giorno in cui qualcuno li ha posizionati davanti a me e ha chiesto di portarli, diffonderli, chissà... forse sapeva che mi piace scrivere oppure si è documentato e ha visto che gestivo tanti siti internet e lavoro in televisione... ? Bhe un po' ha sbagliato mira perché forse gli conveniva rivelarli a qualche magnate della comunicazione, qualcuno con delle reti televisive o magari al proprietario di una grossa casa editrice, che ne so? Ma è anche vero che il destinatario di un messaggio può essere sempre e solamente quella persona in grado di raccogliere quel messaggio, quel segnale, quel codice...

Il fiume scorre anche adesso, mentre sono qui alla tastiera, certamente i gabbiani stanno dondolando sull'alveo: Il gabbiano è messaggero, portatore di pensieri, vola sulle acque da mare a mare, scivola nei laghi ed è creatura ispirata, raccoglie tramonti e frammenti di luce, un battito d'ali, pensieri che viaggiano nei colori del sole, a volte solitaria scia di piume, a volte musa per il magico cuore di un poeta dell'amore. E' importante capire, vedere, cogliere ma soprattutto sentire queste cose! Vitale, necessario, indispensabile, imprescindibile! Ma se mentre passo sul ponte chiuso nella mia scatoletta a quattro ruote, sigillato nel mio habitat climatizzato con navigatore di bordo e musica hifi non ho la possibilità di cogliere quello che accade intorno a me e vado oltre, passerò la vita a ripercorrere i miei passi per capire dov'era quel bivio, quella strada, quella deviazione che mi è sfuggita! Sul Tomtom, purtroppo, questo tipo di mappe non c'è ancora anzi: navigare elettronicamente con il GPS ci allontanerà sempre più dal contatto e dal rapporto con la vita, il mondo, le creature e soprattutto i messaggi che potrebbero giungerci chiari e rivelatori per illuminare il nostro cammino, indicare un percorso esattamente come fanno loro, con la differenza che questo porta dentro di noi e non alla "destinazione predefinita".

Per questo cammino e osservo tutto, cerco, raccolgo, esamino, tocco, ascolto, per questo dialogo con le stelle e con le pietre, con le foglie e con gli insetti, le rocce, i fondali, prendo la sabbia e esamino la consistenza dei granelli tra le dita, annuso il fango, accarezzo i fiori e vivo tra le nuvole:

è una dimensione onirica ma non sono fuori dalla realtà, è qui il bello!

Certo... passo giornate intere nel mondo delle nuvole, ma quale sarebbe l'alternativa? Entrare in un guscio metallico sotterraneo con indosso la mia giacca, un nastrino annodato al collo e dei pezzettini di plastica colorata chiamati bottoni, il colletto ben stirato e i capelli ben tagliati con i peli sbarbati e il profumo del sig. Armani, la valigetta piena di scartoffie, il portafoglio con documenti, carte di credito soldini e monetine, bigliettini e cartoncini, telefonino e giornale, il vivavoce per avere le mani libere e la vibrazione per non disturbare il mio vicino di posto...? Tenere la destra, girare solo a sinistra, entrare in questa direzione e uscire da quell'altra parte? Parcheggiare solo sulle strisce azzurre previo pagamento con tondini di metallo del tempo ovvero sulle strisce gialle se sono residente e su quelle bianche se sono irriverente? Ogni minuto della vita moderna ci porta a seguire qualche decina di regole simultanee che chiamiamo educazione, ordine, organizzazione e molto spesso "progresso".

E' una cosa molto ridicola e buffa, nella maggior parte dei casi è semplicemente patetica, in realtà è drammatica, perché le sofferenze interiori determinate da questo genere di civiltà sono terrificanti e derivano principalmente dall'aridità e dalla sterilità di questo tipo di messaggi che ci programmano per consumare, spendere e pagare tasse: poco altro!

Poi ci sono le vacanze ed ecco lo stupore... che relax prendere il sole, che belle le onde del mare, che profumo di fieno, che colori questo prato. Ma siccome siamo programmati per calcolare, avere, possedere, quantificare, materializzare tutto ecco che piuttosto che nuotare nel mare aperto siamo capaci di andare in un villaggio tropicale per buttarci nell'acqua profumata di cloro di una piscina di 4metri x3, questi sono i capolavori dell'umanità contemporanea!

E per passeggiare nel bosco oggi sono necessarie le bacchettine in titanio del nordik-walking così la camminata sarà perfettamente sincronizzata e consentirà al nostro fisico l'incedere perfetto! E le fronde degli alberi che si cullano al vento dove le lasciamo? Invece di pensare a queste emerite stronzate che deformano e inquinano la globalità del mondo alterandone la magia, provo a raccogliere e toccare tutto ciò che mi circonda, ma non per portarlo a casa e collezionare fiori, possedere conchiglie o pietre colorate. **NO!** Posso capire chi ruba in banca, ma non chi strappa un fiore dal suo habitat.

Mi sintonizzo con l'ambiente e ricevo messaggi... per farlo devo essere capace di lasciare a casa tutti gli artifici, la bussola e il coltellino, il binocolo e la segnaletica, il cellulare, il meteo, la temperatura, il barometro... devo essere "naturale" se desidero che avvenga lo scambio.

E' importante "essere", collocarmi nella realtà che sto attraversando ora, sembra banale ma non lo è anzi... lo scollamento tra gli strati esistenziali è quella stessa divisione che provoca ansia, disturbi, senso di allergia, soffocamento, indugio... il fisico sa perfettamente cosa è bene e cosa è male, esattamente come di fronte ad un pericolo tangibile: quando sono di fronte ad un baratro, o davanti a un leone è facile giustificare il senso di paura, la vertigine, il terrore, il panico... lo vedo, è lì e collego immediatamente le cose.

Baratro>pericolo>vertigine>paura

Leone>aiuto>melafacciosotto

Invece quando viene il senso di fastidio, la pelle un po' tesa, i denti serrati, le vibrazioni di paura apparentemente immotivata è perché sono su una direzione sbagliata, fuoripista, fuorirotta, e se ascolto questo segnale che equivale ad un:
"Attenzione scogli affioranti"

evito di incagliarmi su un fondale sommerso o di finire vittima di qualche scelta sbagliata, seguire la paure, fuggire dalle ombre, per questo era importante il lavoro iniziale relativo alla identificazione di tutto quanto riguarda il mio passato.

Mi esercito a vedere, capire e riconoscere i segnali e le indicazioni, evito di contrastare gli eventi o di forzare il destino, divento alleato delle mie percezioni, mi abituo a riconoscerle, coltivarle, allenarle affinché siano sempre più affinate, mi abituo a sintonizzarmi con questa parte estremamente profonda di me e renderla partecipe del mio vivere, esattamente come le gambe che uso per camminare, è il sesto senso, forse il settimo, esiste ed è preziosissimo, consente di muovermi al buio, proiettarmi nel tempo a venire, percepire la sincerità e la bontà delle persone, capire se un pensiero mi appartiene o è dettato da interessi altrui che mi manipolano, sono tante cose che posso imparare a fare con le mie percezioni ma la cosa più importante è riconoscerle, seguirle, capire il loro linguaggio e avere fiducia, esattamente come non discuto quello che vedo né quello che sento, né quello che tocco... mi abituo a non discutere anche quello che provo.

E' semplice capire se sono collocato nell'attimo e nel luogo, a volte basta ascoltare le persone intorno a me... Cammino nel verde, profumato d'autunno e primavera, fiori di castagna e petali ghiacciati, respiro ginepro e scie di glicine, mi immergo tra germogli e ramoscelli, mi dipingo nelle acque e nelle arie ma non tutti sono in questo stesso strato di aderenza alla realtà, ci sono lamelle parallele: un cacciatore vede le orme di lepre e la sua unica preoccupazione è seguire la traccia che porta a stanarle, la piuma dorata di fagiano non è un segno di amore leggero ma un indizio per conseguire immeritati trofei da esibire nella cerchia dei materiali che primeggiano nel superarsi, nell'esibirsi, il pescatore guarda le acque e segue il corso delle schiuse per identificare la buca da predare, il raschio da setacciare, tutti vedono intorno a loro un sistema da sfruttare, risorse da consumare, usare, prendere, conquistare, nessuno custodisce, nessuno ama solamente, per il piacere di amare... io amo, ammiro, immerso di energie la ricchezza è uscire dall'interesse senza fare calcoli, senza chiedere né cercare, senza vincere né perdere, ho già tutto quando sono nel tutto, questo è il vero trofeo, la gemma che fiorisce all'occhiello della mia divisa di amante dell'amore, ricchezza sconfinata, interiore, sigillata nell'inespugnabile caveau del mio cuore, nessuno può rubare, contaminare, sequestrare, ricattare qualcosa che è ovunque e a disposizione di tutti purché scelgano di averlo, sentirlo, vederlo, viverlo. C'è un mondo da avere e un mondo da vivere... è così difficile scegliere?

Mi colloco qui, mi affaccio al muretto e mi soffermo sul molo, acque che fluiscono schiumose ondeggiando verso riva, Il giardino dell'anima e l'anima del giardino sono un'unica realtà. Costituiscono lo spazio silente tra ciò che è chiaro e ciò che è scuro, tra cultura e natura, tra conscio e inconscio, tra spirito e corpo attraverso la cura e il rispetto per la Natura, piante, fiori, insetti, animali, si possano elaborare questi nuclei indifferenziati e capire quanta energia buona racchiudano. Così facendo, facciamo del bene non solo a noi stessi ma anche alle creature che ci circondano, anche a quelle più silenti.

Inafferrabile, come una nuvola, amare le ali sfuggenti che frullano sul corpo scompigliando la mente, anche così, in silente ascolto, i sensi dell'Uomo sono come le porte di una città. Se sono aperte, fiorisce il giardino, se sono chiuse, dilaga il deserto.

Sono, siamo, siete...
tutti sono fili d'erba
verde stagliato verso il cielo ammorbidito dal vento
verde prato
verde natura
verde risveglio
mi animo e rianimo la cerchia di vita che risplende intorno a me

elementi univoci
filamenti vegetali
alimentati da piccole gocce di rugiada
condensata
sono queste le grandi magie del mattino
i grandi segreti dell'essere
quando posso cogliere il volo di una farfalla
che incerta disegna serpentine tiepide e
fiorite
allora posso posarmi anch'io
fermarmi sul petalo di primula
e giocare
con le grandi magie del risveglio...

Ora viene un momento atteso, fatato,
unico, elevato, quello della soluzione, del
riassunto, delle conclusioni, del traguardo,

dell'arrivo... e non è un attimo qualunque, una meta banale, stiamo parlando di estrarre dal codice raccolto finora l'algoritmo vincente, distillato e dedotto dalla somma dei valori trovati, identificati, raccolti, conservati.

Faremo certamente un breve riepilogo ma ora è necessario fare un ragionamento avanzato, per introdurre il finale e preparare il terreno alla più fertile delle concezioni. Ci sono infinite ricette, scalette, metodi e sistemi per conseguire la felicità: la religione dispone una guida all'esistenza terrena e in fondo qualche milione di persone si adatta a seguire qualcosa che va oltre la loro capacità di comprensione, non si fanno domande e per questo si accontentano di qualunque risposta, dissennata e improbabile che sia.
E' una scelta, un cammino per semplificarsi la vita in alcune cose ma non è un caso che il prete viene detto anche <<*pastore*>> visto che il modo in cui i fedeli vengono coinvolti del contesto spirituale non è certamente interattivo bensì totalmente passivo. Uomini o pecore, nessuna differenza. Se ci va bene niente di male ma è un percorso di

rinuncia, privo di operatività creativa, privo di ricerca, vuoto di esperienza, non va meglio d'altra parte con le esperienze materiali, la ricerca ossessiva del denaro, carriera, successo, potere, vittoria, competizione, piacere.

L'impronta familiare e la costituzione storico-emotiva giocano inoltre un ruolo determinante nello stampo caratteriale che ci identifica. Per questo il cammino si rivela spesso carico di imprevisti: perché ci mettiamo in testa di seguire un vademecum, un tragitto predeterminato, un ricettacolo, un manuale, opuscoli o presunti maestri cambia poco, più ci infiliamo nella ricerca di una metodologia e più saremo lontani dalla sorgente che cerchiamo. Come tutte le sorgenti è all'origine e nessuno può dirci dove si trova la nostra perché sgorga nella nostra anima, è la roccia primordiale da cui il nostro spirito ha preso forma e vita, raccoglie i primi respiri, i primi pensieri e le prime azioni del nostro <<*esistere*>> ma sono io, sei tu, sono loro, siete voi, **siamo ciascuno di noi!!!** E' qui che devo giungere, collegarmi, rinascere, la pietra che raccoglie le mie energie storiche ed emozionali, devo averla nel palmo della mano, scaldarla con il mio fiato e appoggiarla al cuore, lasciare che tutto si fonda, si compia, come un processo di fusione avanzato la mia interezza può unirsi alla mia unicità: specifico e completo, singolo e molteplice, il pieno e il vuoto si amalgamano in un osmotico equilibrio ed ecco, leggera e sorridente, apparire la sensazione di felicità che cercavo, ecco il principio del rinascere, il codice ultimo del Grande Risveglio.

Nella Pasqua si oppongono due immagini, due simbologie ben precise, la vita e la morte, il buio e la luce, è una occasione preziosa per osservare le persone intorno a noi: le anime oscure, macabre e figlie dell'universo di tenebra vedono e ostentano il crocifisso, i chiodi, il morire... le anime di luce aprono il cuore nei messaggi di primavera e colgono, come colombe innamorate, i segni del risveglio, della rinascita.

Questo passaggio avviene in noi a seconda di come ci posizioniamo ed è semplicissimo.

Per questo molti ricercatori ostentano presunti rimedi al dolore interiore, al vuoto spirituale e alla infelicità in genere e spesso interi trattati, libri e manuali si potrebbero riassumere in una decina di semplici regole tiepide come l'acqua tiepida, ovvie, logiche scontate ma che alcuni quando cadono in depressione tendono a dimenticare. Ma io non posso pensare di raggiungere traguardi e stati emotivi con un manualetto superficiale, né sono interessato a quegli esercizi o a quelle tecniche che ti prendono smarrito nel nulla e ti danno 3-4 riferimenti cui aggrapparti. NO... Voglio qualcosa di solido, stabile e preciso, voglio la radice del mio essere, sentire che sono saldo e costruito su un terreno fertile e roccioso, irrigato da un grande bacino idrografico, sentire che raccolgo energie e le sintetizzo, che tutto scorre dentro di me e intorno a me, voglio la totalità, è chiaro il concetto? E' ovvio che se penso sempre negativo sono una persona negativa, ma c'è bisogno di un maestro di vita per capire che pensando positivo diventerò una persona positiva? Purtroppo a volte sì ma ora, come già detto... sveglia! Perché in me, in, noi, in voi, in loro, in tutti ed in ciascuno c'è già tutto: risposte, soluzioni, intenzioni, progetti ed obiettivi, semplicemente sono smarriti in un labirinto di deformazioni che abbiamo costruito intorno al nostro nucleo di origine per sopravvivere nell'ambito sociale.

Tutto qui.

E quando imparo a scorrere, vedere, ascoltare e sentire l'immediatezza, quando imparo a difendermi dalla fossilizzazione e dall'aridità, quando riesco a distinguere il bene dall'inutile, il giusto dall'errore semplicemente riconoscendo l'importanza del mio cuore, sono già avanti, anche tu, anche loro, siamo già avanti, avantissimo, proiettati nel divenire e non più nel masticare, regredire, pensare, ruminare pensieri, cammino e scarico altrove il rancore, i rimorsi e le paure, cammino e camminiamo, il mondo scorre e le ombre decantano, restano laggiù, ricordate? nella discarica, ben ordinate così, se occorre, sono pronte ad essere usate, reimpiegate, non butto via nulla semplicemente mi alleggerisco il bagaglio di vita e cammino, più leggero e più sereno, posso essere in un prato come in una piazza di cemento, la primavera è in me e la porto ovunque, insemino, fecondo, contagio, impollino e trasporto il vivere al vivere, l'essere all'essere, l'esistere all'esistere... Non servono parole in questa fase, serve solo il respiro, il battito cardiaco, quello delle ciglia e la percezione dell'aria, del calore, del pensiero proiettato verso gli alti schermi di un cielo superiore, sopra la foschia e lontano dallo smog spirituale che seppellisce la purezza della mia anima, lontano dalle nebbie ossidanti che offuscano la luce del sole, via ora, via verso strati di evoluzione sovrastanti, sogni dominanti, via... basta camminare gradino dopo gradino, passo dopo passo ma cosa credevamo? che le persone che si sono realizzate nella vita abbiano trovato tutto pronto? Ci sono quelli che hanno lottato anni ed anni facendo enormi sacrifici, studi, sforzi e investimenti, quelli che hanno perso e si sono rialzati, quelli con grandi intuizioni e altri che rinunciano a molte cose pur di realizzarne una: nessuno ha il tutto e questo può causare incertezza, confusione, indecisione, a meno di riuscire a catalogare con esattezza il nostro DNA emotivo, biologico, caratteriale, culturale e anatomico, sentimentale e temporale... non è una cosa da poco ma oggi posso farlo e tutti, veramente tutti possono riuscirci, devo solo essere un fiume che scorre, acqua che fluisce nell'alveo cronologico del giorno e della notte, scorro, scorrere, confluire e defluire, questo devo essere, questo deve accadere affinché le scorie decantino e le polveri si depositino sul fondo mentre i residui più ingombranti saranno naturalmente depositati lungo le anse. Ora posso fare anche il cammino inverso, leggere queste pagine all'indietro, da destra a sinistra, da qui al titolo iniziale, ha poca importanza, non è una questione di sequenze ma di procedure, ora sono quel me stesso che cercavo e non devo più andare oltre, la ricerca è finita ed inizia l'era del vivere, presente nel mio presente, i grandi codici possono essere cancellati, archiviati, tutto diventa superfluo quando raggiungo il centro della corrente e non oppongo resistenze, basta fare fatica, opposizione, contrasto, non serve a nulla se non ad aumentare e alimentare tensioni e reazioni intorno a me. Volevo un codice, un segnale chiaro... eccolo! Seguire il corso del destino, il flusso degli eventi, accettare il divenire e l'accadere, non andare controcorrente, non inquinare le mie acque, non arginare, lasciare libero, aperto il territorio, accogliere con amore tutti gli affluenti, contribuire con gioia a donare le mie acque a chiunque sia in cerca di luce dissetante, evitare canali e condotte forzate, accettare la pioggia che mi fortifica e il sole che mi riscalda, scorrere... in una terra indefinita che traccia le impronte del mio corso, posso saltare come una cascata, correre come un torrente impetuoso o riposare, come un immenso lago dorato che riflette raggi di luna, separa due rive e le unisce con un velo d'acqua, divide le sponde e le collega con le onde, canneti in cui nidificare e fondali per giocare, acque che entrano, defluiscono, cristallizzano, il lago è un passaggio tra la sorgente e il mare... tra il principio del nulla e l'immensità degli oceani, vado, vieni, andiamo, diventiamo mare, facciamo con amore e con coraggio il tuffo nell'infinito, avrò energie profonde per affrontare il maltempo, la siccità e le tempeste, sarò protetto da un sistema antisismico corazzato e resistente, indistruttibile.

Capitolo ultimo: la sintesi finale

Ma ora attenzione, perché sto per avvicinarmi all'alambicco spirituale da cui distillerò il Codice di Rinascita, l'essenza di questo stesso codice che già ho analizzato nei vari passaggi evolutivi, negli step progressivi che portano dal regno delle ombre a quello della luce, dagli anfratti di crisi depressiva al vento caldo della liberazione. Sono momenti magici, in cui viene coniata una nuova unità di misura, viene forgiato un prezioso gioiello incastonato di gemme purissime di elevata caratura, viene sintetizzata una sintesi di tutto quell'essere, quel vivere, quel ricercare che si riassume, grazie alla geniale organizzazione universale, in un solo elemento.

Qui siamo certamente oltre la pietra filosofale, il pozzo dei desideri, l'acqua della giovinezza, siamo di fronte a qualcosa che Indiana Jones poteva solamente sognarsi di trovare... povero avventuriero, lui che sfidava creature mostruose e forze della natura per mettere la mani su stupidi oggetti di potere non poteva neanche lontanamente sognarsi di rivelare segreti così profondi, dettati dai cori celesti proclamati dai sentieri del destino e dalle risonanze dolci e sincere del cuore della Terra, congiunto a quello delle stelle e di tutti i sistemi cosmici, galattici, orbite satellitari, silenzio geostazionario, aperture spaziali.

Come quando la concentrazione di materia o di gas raggiunge una pressione così elevata da implodere generando astri e pianeti, allo stesso modo, ora, il sipario si apre per svelare il tutto, una specie di eclissi al contrario laddove quegli spiragli che fino ad oggi chiamavamo luce, quel sole che sinora sembrava nostra unica sorgente di calore e di vita, si riducono a soglie impercettibili di portanza, mentre appare sul grande palcoscenico la totalità, l'immensità, l'eternità della

RIVELAZIONE

E' l'attimo in cui ascolto in perfetta sintonia e sincronia tutte le cellule della mia sfera esistenziale, chiarezza, molta chiarezza nella visione e nell'ascolto che si manifesta come raggi di una luce accecante ma non abbagliante, bianca, candida e radiosa, ecco perché la pasqua, la colomba e l'ascensione vengono così raffigurate, ecco perché gli dei vengono dipinti negli astri e nel cielo, nel cosmo e nelle galassie e non certamente nelle grotte o sottoterra. Quando tutto si spiega, quando tutto si rivela, accade la magia più potente del creato, sintesi di un bigbang originale in cui non solo io, noi, tutti hanno attinto a piene mani per edificare il proprio codice genetico. Ora c'è un processo di sintesi, identico per me, per chiunque, per chi è stato e per chi ancora deve nascere.

Questo processo è alterato da quell'insieme che accade nell'esistenza terrena, quasi tutto! Ogni dialogo, ogni azione, ogni lettura, ogni ascolto inquinano la percezione di questo **eden interiore** che è stato partorito nella purezza della gestazione, nel grembo prescelto per ospitare la nostra vita, nel binomio genitoriale che ha concepito l'attimo di fusione amalgamando cellule di carattere diverso, qui sono nato, qui è scaturita la prima scintilla ed è qui che <u>si crea il</u> **CODICE** che sto cercando e che tutti più o meno inconsapevolmente cercano per tutta la vita, a volte seguono percorsi così tortuosi che non basta una incarnazione per trovare il sè, a volte escono completamente di rotta e si dedicano al viaggiare, allo studiare, alla ricerca, al gioco, al vizio o alla manualità... Nei casi più primitivi e disperati le anime terrene svolgono azioni primordiali e questo fa parte del ricambio generazionale, di quel percorso evolutivo che storici come Darwin, Leonardo o chi per essi identificò in un semplicistico rapporto scientifico di classificazione e suddivisione delle specie. Fa parte della confusione creativa di una umanità che ancora oggi riesce a coesistere in un habitat dalle migliaia di forme, raggruppati in centinaia di tribù chiamate nazioni, identificate da pezzettini di lenzuolo colorato che chiamano "bandiera". Ce n'è così prima di arrivare al villaggio dell'amore globale, ma il cammino è chiaro e chiunque saprà scegliere, sin d'ora, la strada dell'amare e dell'amore, parteciperà in anteprima al potente spettacolo chiamato futuro.

E' l'attimo di ricreare in me quelle condizioni di origine in cui le mie cellule si sono aggregate, l'istante in cui nessun contagio di tipo culturale o sociale, educativo o reattivo aveva ancora infettato il mio percorso costringendomi a deviare e quindi a regredire. Devo portarmi sul gradino più alto della mia scalinata genetica, devo trovare quel coraggio tanto sospirato per affacciarmi alla voragine estrema della totalità dell'essere per poter spaziare da orizzonte ad orizzonte sul mio genoma, sul mio patrimonio, nel mio universo cognitivo.

Qui l'infinito si condensa in una particella tendente al nulla, così piccola da essere prossima all'idealizzazione, ma esiste con certezza, eccola, la sorgente, ecco lo zampillo che sgorga dal tempio delle anime per caratterizzare la mia personale vita, ed è così per tutti, io, tu, lui, loro... tutti possono vedere e sentire, accogliere e raccogliere questa meravigliosa percezione dell'essere racchiusa in questa straordinaria particella che definisco con un termine dettato dalle essenze supreme, dal coro di quelle anime assolute che molti definiscono Dio.

Si chiama

"Scintilla di vita"

Se chiudo gli occhi e mi ascolto la posso vedere chiaramente focalizzata nel centro esatto del mio corpo, sotto al cuore, protetta da tutti quegli organi che non a caso svolgono le funzioni vitali:

Ecco la

"RISPOSTA"

Ed è qui che sono perfettamente nella condizione di rinascere, ricrearmi, ripartire a seguito di qualunque momento o evento distruttivo, così devi fare tu, loro, tutti noi, uomini e donne, adulti e bambini, anziani, persone di ogni razza o idioma, tutti figli di una madre dal grembo generoso che ci ha donato la chiave per accedere al Paradiso: lei è luce e faro per indicare la direzione al centro del firmamento, quell'abbraccio che nella vita terrena durava solamente qualche istante ora diventa eterno, infinito, eccoli posati nel mio cuore i codici risultanti da tutta questa ricerca, da questa attesa silenziosa, sono un dono divino, assoluto, prezioso quanto la vita stessa, sono semi di semplicità e germogli di purezza, quanto semplice e puro può essere l'amore di una madre per suo figlio, o di un figlio per sua madre.

Tutto si riassume sinteticamente ora in due soli ultimi, definitivi elementi che esprimono il tutto, il vivere e il rivivere, il nascere e il rinascere:

Il Respiro
e
Il Battito del Cuore

Nulla di più semplice, certamente, ma quanto è difficile da sempre ricondurmi all'origine, dipanare la matassa intricata della costruzione formativa per avere la percezione dei miei tessuti reali, delle mie cellule, di quel *me stesso* frequentemente smarrito e sovente dirottato?
Depressione, ansia, fobie, paure, panico, fastidio e disagio, sono tutte forme ingrate di reazione alle difficoltà causate da una innaturale progressione del mio esistere: separazioni e delusioni, lutti e fallimenti, insuccessi e tradimenti, ferite e traumi... rincorrendo un giorno un diploma e l'altro un posto di lavoro, ascoltando la voce di false coscienze e accreditando le trombe di un giudizio che molti considerano divino

ma che certamente è originato dalle correnti malvagie che inquinano l'amore.

Ogni singolo e semplice respiro è la mia autocertificazione al sistema atmosferico, atto di presenza nel panorama universale, l'aria, l'ossigeno, la miscela attiva che alimenta la vita, l'essenza del pianeta Terra entra in me e dona alle mie singole cellule, ai globuli, alle piastrine, muscoli e polmoni la magia della rinascita, del ricambio molecolare, la combustione energetica, la forza... Respiro e posso alzarmi, rialzarmi, respiro e posso correre, agire e reagire, respiro ed il mio sguardo si apre al cielo scontornato da filamenti di nuvola, tutto può transitare in me, particelle umide che furono rugiada e frammenti di oceano, aria... il vento e l'uragano trasportano gli elementi climatici determinando le stagioni, le piogge, trasportano le risorse riproduttive del pianeta intero da un continente all'altro... respiro, respiri, respiriamo, tutti respirano perché sono e finché saranno vivi, milioni di volte. Ora ascolto, nel silenzio religioso che accoglie il mio risveglio, questo soffio che feconda ogni istante con la gioia della totalità universale, ho bisogno di spegnere la mente, camminando a piedi nudi dentro di me, passo dopo passo, respiro dopo respiro, mi elevo, ascendo, reazione biochimica, sollevo le braccia che accolgono questa corrente miscelata intorno a me e percepisco la sorgente da cui scaturire, la mia acqua, la mia terra, rinchiuse nella preziosa ampolla della mia anima...

Posso così socchiudere gli occhi e aprirli, coronarli nei riflessi dorati dell'alba che risplende sul mare delle mie emozioni, nelle grandi praterie dove cavalcano le vere ricchezze, i sentimenti familiari, le radici della Grande Quercia che ha partorito le scintille, nascere e rinascere sono una cosa sola, autunno e inverno sono tutt'uno, è la consapevolezza di un insieme in cui mi posso collocare e posizionare assimilando l'armonia del sole che nasce, dell'aria che si riscalda e del ghiacciaio che si dissolve nel mare...

Cascate di lacrime, fiumi di fango, argini distrutti, abissi e voragini, oasi nel deserto, barriere coralline... ora il silenzio artico della solitudine assoluta trasforma il mio cammino in un'impronta di luce, ho una traccia da seguire, una stella che risplende lì esattamente al centro spirituale della mia Sfera, come una bolla leggera sospinta dalla mano di una farfalla mi poso su petali colorati, risucchio nettare e lo trasporto nelle segrete celle del paradiso.

C'è un tutto, un'immensità e un infinito, un'eternità e un nulla, oggi sono plasmato nella carne così come un domani sarò essenza di vita per l'evoluzione dell'amore. Come un fiore reciso lascerò le mie spore e il seme della mia anima si disperderà nel mondo, sarò figlio e padre, fiore e frutto, a volte appassisco ma, sempre, rinasco...

Ogni battito del mio cuore, ogni singolo palpito, ogni contrazione e dilatazione, ogni sistole e ogni diastiole: **NULLA** è più prezioso ed importante perché annuncia la scansione della mia vita, è il ritmo musicale della colonna sonora della mia esistenza intera. E' sufficiente fermarmi nel silenzio più profondo, dialogare con lui, ascoltarlo... posso farlo nel buio e nella luce, posso farlo sempre, questa metronomica conferma temporale che sono vivo certifica e dimostra la mia presenza nel grande arco della vita, valorizza ogni istante, posso avere il tutto o il nulla...

Con il cuore posso vivere e ascoltare, scegliere, decidere, trovare coraggio e forza d'animo.

Lo amo, lo stringo a me, mi abbraccio intorno a lui, ci amiamo, amiamolo, ci ameremo sempre...

Principio di storia d'amore, principesca pulsazione degli eventi, fremito, rintocco, è un segnale preciso che noi tutti dobbiamo accogliere, ricevere, rivolti al sole...

I raggi all'orizzonte trascrivono sigilli color pastello, dipingono pennellate luminescenti che attraversano le nuvole lontane creando giochi senza principio né fine, il volo delle prime rondini del mattino è il richiamo conclusivo al nuovo giorno, il canto dell'ultimo grillo, la potenza del fuoco astronomico, la nostra stella, quella attorno a cui ruoto quotidianamente io, noi, tutti ruotano nell'orbita del sole ed è meraviglioso accoglierlo ora nel mio cuore, respirarlo, ringraziarne la puntuale ascesa lungo la traiettoria di luce, nascono le ombre, dischiudono le corolle, si sciolgono le nevi e nascono sorgenti, tutto fluisce in me e il mio cuore rivive, respiro ancora, palpito pulsando nell'unità cosmica e sono figlio del nuovo giorno, del nuovo vivere, della nuova era, dell'eterna primavera...

Dal nulla al tutto, dal finito all'infinito,
l'immensità sarà la mia unica regola...

Paolo

Chiudo così questo passaggio tra le
terra e il cielo, tra tutto ciò che avviene
in due fasi distinte, negativo e positivo,
buio e luce, partenza e arrivo...
Sono solo fusioni degli stessi elementi,
parti di un medesimo insieme e in tutto
questo ci sono io, ci sei tu, noi...

tutti.

Dedicato alla mia dolce mammina apparsa improvvisamente nel regno delle stelle, al mio amato papino che ne custodisce l'immortalità terrena e a tutti noi che vogliamo amare, sognare e rinascere.

Un abbraccio ai miei figli, a chi ma ama, mi vuole bene, a chiunque voglia bene, amore e bellezza a qualcuno, a tutti, nel mondo.

Giungeranno un giorno solamente segnali di pace dal cuore della Terra, segnali di vita, pulsazioni d'amore.

www.ingramcontent.com/pod-product-compliance
Lightning Source LLC
Chambersburg PA
CBHW060301290526
45789CB00001B/377